西华大学校内人才引进项目"贸易开放对个体婚育行为的影响研究"
（编号：RX2400001901）

李 丹◎著

基于劳动力市场产出视角

出口贸易开放与个体婚育选择

中国财经出版传媒集团

经济科学出版社
Economic Science Press

·北 京·

图书在版编目（CIP）数据

出口贸易开放与个体婚育选择：基于劳动力市场产
出视角／李丹著. -- 北京：经济科学出版社，2024.
10. -- ISBN 978 - 7 - 5218 - 6226 - 3

Ⅰ. F752. 62；F249. 212

中国国家版本馆 CIP 数据核字第 2024TX7830 号

责任编辑：汪武静
责任校对：靳玉环
责任印制：邱　天

出口贸易开放与个体婚育选择：基于劳动力市场产出视角

CHUKOU MAOYI KAIFANG YU GETI HUNYU XUANZE：
JIYU LAODONGLI SHICHANG CHANCHU SHIJIAO

李　丹　著

经济科学出版社出版、发行　新华书店经销
社址：北京市海淀区阜成路甲 28 号　邮编：100142
总编部电话：010 - 88191217　发行部电话：010 - 88191522
网址：www. esp. com. cn
电子邮箱：esp@ esp. com. cn
天猫网店：经济科学出版社旗舰店
网址：http：//jjkxcbs. tmall. com
固安华明印业有限公司印装
710 × 1000　16 开　13.75 印张　200000 字
2024 年 10 月第 1 版　2024 年 10 月第 1 次印刷
ISBN 978 - 7 - 5218 - 6226 - 3　定价：68.00 元
（图书出现印装问题，本社负责调换。电话：010 - 88191545）
（版权所有　侵权必究　打击盗版　举报热线：010 - 88191661
QQ：2242791300　营销中心电话：010 - 88191537
电子邮箱：dbts@ esp. com. cn）

前言 *Preface*

　　婚姻和生育是个人生命历程与社会生活的重要组成部分，它不仅是个人问题，也会对经济发展、社会稳定产生深远影响。近年来，中国的婚姻状况呈现出结婚率逐年走低、初婚年龄不断提高、婚姻存续期持续降低的特征，生育状况也呈现出育龄妇女数量减少、初育年龄推迟、高孩次生育意愿下降、人口出生率下降的态势。与此同时，自 21 世纪初加入 WTO，中国的出口贸易经历了迅猛发展。一是出口贸易规模快速扩大，2009 年中国已经成为世界第一大出口国①。二是出口产品技术含量逐步提升，出口结构持续优化，2020 年，中国工业制成品出口占比 95% 以上、资本和技术密集型产品出口占比 50% 以上。三是服务业以及制造业中的服务要素不断增长，制造业出口服务化程度不断加深，2020 年，第三产业对 GDP 增量的贡献率达 50%，制造业投入服务化水平和产出服务化水平也持续提高，制造业与服务业的联系愈加紧密。② 贸易的繁荣为我国经

---

　　① 笔者根据 BACI 双边贸易流数据计算所得，http：//www.cepii.fr/CEPII/en/bdd_modele/bdd.asp。
　　② 笔者根据《中国统计年鉴》和经济合作与发展组织（OECD）的国家间投入产出数据库（Inter-Country Input-Output Database，ICIO）计算所得。《中国统计年鉴》：https：//www.stats.gov.cn/sj/ndsj；ICIO 数据库：http：//oe.cd/icio。

济的持续高速发展作出了突出贡献，不仅有效提升了国民的经济状况，也带来了文化的交流融合以及社会体制规则的变迁，深刻地影响了个体的婚育选择。晚婚晚育乃至不婚不育带来过低的人口出生率使得劳动力成本逐年上涨，人口数量红利消失，在未来很长一段时期里都会使得经济增长乏力，社会稳定性下降。由于个体婚育选择与经济发展、社会稳定和个体福利密切相关，理解贸易与个体婚育选择的关系是十分有必要的。本书就出口贸易开放对中国居民婚育选择的影响效应和潜在机理进行评估，不仅有利于理解经济问题对社会变迁和个体选择带来的重要影响，对于贸易开放战略、人口长期发展战略和婚育政策的制定也具有重要的现实意义。

本书首先从理论上分析了个体婚姻选择和个体生育选择的经济学依据。婚姻的形成是个体基于成本—收益权衡后的选择，当且仅当婚姻的收益大于成本时，个体会选择结婚。婚姻的收益主要来自互补性，在传统的性别分工模式下，这种互补性主要体现为男主外女主内所带来的分工收益。婚姻的成本主要包括约会和彩礼支出等显性成本、婚姻的维系成本和离婚的困难程度（法律成本）等隐性成本。理性经济人是否结婚以及何时结婚均是衡量成本和收益之后作出的理性决策。如果将孩子视为正常"消费品"，那么生育选择则是预算约束下效用最大化的结果。预算约束主要受家庭收入和孩子的"价格"（生养成本）的影响，效用则同时来自孩子的质量和数量。家庭收入增长会带来收入效应，一方面会导致对孩子的"消费数量"增加，生育提高；另一方面也会增强家庭对孩子质量的偏好，导致对孩子的"消费数量"下降。收入增长通常也意味着养育成本上升，即孩子的"价格"上升，这会使得对孩子的"消费数量"下降。因此，生育决策是基于以上因素综合考量的结果。厘清了个体作出结婚和生育决策的经济学理论依据之后，我们探寻了出口贸易开放影响个体婚姻和生育决策的可能渠道。本书认为出口贸易开放会通过劳动力市场产出效应、教育以及婚育观念等影响婚姻的成本和收益、家庭收入和孩子的"价格"，进而影响个体婚育选择。具体地，城市出口规模扩张会通过促进就业和收入增长、改变婚育观念进而使得个体婚育行为减少；城市出口技术结构优化会通过提高受教育水平进而使得个体婚育行为减少；城市出口服务化会通过促进就业和收入提升进而使得个体婚育行为减少。

紧接着，利用中国家庭收入调查数据（Chinese household income project，CHIP）、中国人口普查1%随机抽样数据，中国1990年和2000年的人口普查1%随机抽样数据综合公用微数据系列（integrated public use microdata series，IPUMS），本书层层递进地考察了出口贸易的各个方面——出口规模的扩张、出口技术结构的优化和出口服务化的加深对个体婚育选择的影响。

首先，我们考察了城市出口规模增长对个体婚姻和生育表现的影响。利用外国对本国城市的进口需求来刻画本国城市的出口增长，即城市出口规模扩张，再分别基于CHIP数据和IPUMS数据考察了城市出口规模扩张对个体婚姻选择和个体生育选择的影响。研究结果表明，城市出口规模扩张对个体婚育表现产生了显著的负向影响，会导致个体结婚和生育概率降低。考虑到个体和地区差异，我们做了大量的分样本检验，结果表明城市出口规模扩张导致结婚和生育水平下降的效应对于经济发达、服务业繁荣、教育发达的东部地区的个体更加显著，对于低学历低收入个体、女性个体等这类平均经济实力较差的个体以及"80后""90后"的年青一代更为显著。进一步，我们探寻了出口增长引起个体结婚和生育减少的劳动力市场产出效应和个体婚育观念变迁效应。结果表明，第一，出口规模扩张提高了个体劳动力市场产出，尤其对于女性劳动力。出口贸易的快速发展为个体提供了大量的就业岗位，这也使得女性劳动力有机会走出家庭、参与市场劳动，并获得工资收入，从而女性的经济社会地位大幅提升。一方面，女性就业及收入的增长降低了婚姻的净收益，使得结婚行为减少。另一方面，出口规模扩张会通过提高女性收入，造成生育成本上升并放大母职惩罚效应，进而使得生育水平下降；出口规模扩张还会通过提高家庭收入，增强家庭对孩子质量的偏好，从而使得孩童数量下降，即生育下降。第二，出口规模扩张促进了个体婚育观念的转变。出口规模扩张不仅改变了个体关于男主外女主内传统性别分工的认知观念，使得个体更加注重自我价值的实现，从而对婚姻的需求下降，还使得生育自由观念深入人心，传统的传宗接代、养儿防老等陈旧思想逐渐被摒弃，从而生育水平下降。

其次，我们考察了城市出口技术结构优化对个体婚姻和生育选择的影响。利用出口技术复杂度来衡量出口技术结构，再分别基于 CHIP 数据和 IPUMS 数据考察了城市出口技术结构优化对个体婚姻和生育决策的影响。结果表明城市出口技术复杂度提升会对个体婚育表现产生负向影响，使得结婚和生育概率均下降。具体而言，出口技术复杂度提升对个体婚育表现的负效应对于经济发达、服务业发达、教育发展水平较高、外资参与程度较高的东中部地区的个体，对于高收入高学历个体、年龄较大的成熟个体、城镇和女性个体更加显著，会导致其婚姻和生育下降得更多。探寻影响机制我们发现，城市出口技术结构的优化主要是通过教育提升效应作用于个体婚育选择的，即是有城市出口技术复杂度提升显著促进了人力资本投资，提高了个体受教育水平，一方面，受教育年限的延长直接推迟了个体婚育的时间节点；另一方面，受教育程度的提升促进了个体婚育观念的变迁以及个体潜在经济实力的提升，最终降低了婚姻形成和生育水平。

最后，我们考察了城市出口服务化深入对个体婚姻和生育决策的影响。利用制造业产出服务化系数来度量城市出口服务化进程，同样基于 CHIP 数据和 IPUMS 数据考察了城市出口服务化进程深化对个体婚姻和生育表现的影响。研究发现，城市出口服务化水平提高会对个体婚育选择产生负向影响，个体婚育概率下降，结婚和生育均减少。基于个体和城市层面的分样本检验结果发现，出口服务化水平提升导致个体婚育下降这一效应对于经济发展水平较高、服务业更发达、教育发展水平较高、制度水平更完善的东部省市的个体更加显著，对于中低学历个体、低收入个体、女性个体以及"80后""90后"的年青一代更为显著。进一步，我们探讨了出口服务化导致个体婚育下降的影响渠道，结果证实了城市出口服务化会通过深化分工以及促进服务业发展等促进就业和收入增长，尤其对于女性，个体经济境况的改善会使得其对婚姻和孩子的需求降低。

本书首次以中国为样本从微观个体层面考察了出口贸易开放对个体婚育选择的影响，具有如下边际贡献。在研究主题上，关于出口规模扩张与婚育，已有文献涉及，但多是来自国外的研究，国内的相关研究较少，且多为中宏观层面，尚未涉及微观个体层面，因此，本书首次从微观个体层面就出口规模扩张对婚育表现的影响进行了分析。关于出口技术结构乃至出口服务化与婚育，就我们所知，尚无研究涉及，因此，本书可能是首部考察城市出口技术结构与个体婚育表现的研究，也是首部考察出口服务化与个体婚育表现的研究。对出口贸易开放与个体婚育选择这一主题进行考察不仅有助于深入理解国际贸易发展对家户以及个体造成的社会影响，还有助于从贸易的产出效应的视角为个体婚育选择的变化提供新的解释途径。在研究视角上，本书基于"出口贸易开放—劳动力市场产出（就业、收入等）—个体婚育选择"的逻辑将国际贸易学和社会学、人口学联系了起来。一方面，从经济学角度对个体婚姻和生育表现进行了解读，完善了婚育领域的经验研究，为深刻理解当前的人口问题提供了思路。另一方面，从社会学视角探讨了出口贸易的影响，将贸易的社会效应延伸至了婚姻市场和生育选择，是对贸易社会效应乃至贸易产出效应的补充，丰富了国际贸易理论与实证的研究内容。本书具有十分重要的理论意义和现实意义。本书对于贸易开放战略、人口发展战略、婚姻政策和生育政策等的制定均有重要作用。

目录 Contents

第 *1* 章

导　论

1.1　研究背景

1.1.1　老龄少子化加速发展

全球性的生育水平降低、人均寿命延长加速了老龄少子化时代的到来。世界上大多数国家，尤其是生育率持续低迷、医疗发展水平较高的发达经济体，都先后进入了老龄化社会①，面临着严重的人口问题。根据世界发展指标（world development indicators，WDI）数据库提供的信息，从 1960～2000 年，再到 2020 年，世界 65 岁及以上人口占比从 4.75% 增长至 6.76%，再到 9.19%，2020 年有超过一半的国家其占比超过了 7%，

① 人口老龄化是指人口生育率降低和人均寿命延长导致的总人口中因年轻人口数量减少、年长人口数量增加而导致的老年人口比例相应增长的动态变化。国际上通常认为当一个国家或地区 60 岁以上老年人口占人口总数的 10%，或 65 岁以上老年人口占人口总数的 7% 时，这个国家或地区的人口处于老龄化社会。

像是日本以及众多欧洲国家，这一比例更是达 20% 以上；老年抚养比①也呈显著上升态势，社会养老负担不断加重，如图 1 – 1（a）所示。与此同时，生育水平和少儿人口占比（0～14 岁人口）却呈持续下降态势。从 1960～2000 年，再到 2020 年，女性人均生育数量从 5.51 降至 3.26，再到 2.61；少儿人口占比从 39.02% 降至 32.66%，再到 27.28%，如图 1 – 1（b）所示。显然，全球范围内均呈现出老龄化加速发展、生育不足、人口增速下降的趋势。这引发了一系列经济社会问题，劳动力规模持续萎缩使得经济潜在增速大幅下滑，人口老龄化加剧使得养老负担加重、政府债务和社保压力上升，人口出生率下降使得长期中年轻人口不断减少、社会创新创业活力下降、社会阶层固化等。

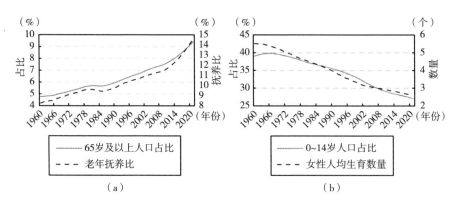

图 1 – 1　1960～2020 年世界老龄少子化发展趋势
资料来源：世界发展指标（WDI）。

老龄少子化已成为 21 世纪不可逆转的世界性趋势。在中国，由于长期实行计划生育政策，新生人口不足，中国的老龄化速度和规模前所未有，其造成的经济社会问题更加严峻②（詹鹏等，2021）。中华人民共和国成立之后"婴儿潮"时期出生的人口从 2010 年开始逐渐步入老年期，

---

① 老年抚养比：65 岁及以上人口数/（15～64）岁人口数。
② 由于中国长期以来的"男孩偏好"，老龄少子化还可能会加剧出生人口性别比失衡，导致"剩男"问题突出，引发妇女买卖、性骚扰、性犯罪等公共安全问题。

并且在今后持续近四十年的时间里（2022～2060 年），中国的老龄化程度将会不断加深。[①] 1990 年，我国 65 岁及以上人口为 6368 万人，占总人口比重为 5.60%；到 2010 年（第一次"婴儿潮"带来的老龄化冲击效应开始显现），我国 65 岁及以上人口增长至 11894 万人，占比 8.90%；再到 2020 年（第一次"婴儿潮"带来的老龄化冲击效应基本结束），我国 65 岁以上人口达 1.9 亿，占总人口的 13.50%。老龄人口的快速增长直接导致了劳动力供给总量萎缩，同时也使得社会抚养比和养老负担加重，1990 年中国的老年抚养比为 8.30%，到 2020 年，这一数值增长至 19.70%，政府债务和社保压力持续上升。图 1－2 展示了 1982～2020 年中国 65 岁及以上人口数量和占比以及老年抚养比的变化趋势，显然，均呈上升态势。老龄化加速发展，人口数量红利消失，中国面临着"未富先老"的局面，经济增长动力不足，潜在增速下滑。

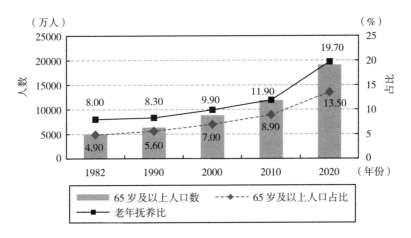

图 1－2　1982～2020 年中国老龄化发展趋势

资料来源：1982～2020 年《中国统计年鉴》。

---

① 中国自 1949 年以来，先后经历了三次"婴儿潮"，分别是 1950～1958 年、1962～1975 年和 1981～1997 年，根据人口发展规律，这三次"婴儿潮"时期出生的人口会在 2010～2018 年、2022～2035 年和 2041～2057 年相继退出劳动力市场，步入老年期，带来三次老龄化冲击波，这意味着在今后持续近四十年的时间里（2022～2060 年），中国的老龄化程度将会不断加深。

1.1.2　中国婚育现状及演变趋势

生育不足是造成老龄化加速发展的重要因素，因此，促进生育是长期中缓解老龄化的一剂良药。基于这一逻辑，本书将对生育问题进行考察。在深受儒家文化影响的东亚社会以及婚内生育的传统模式下，结婚和生育通常被认为是一个"包裹"（Package），婚姻选择将直接影响生育。婚姻和生育共同构成了人类延续的重要条件。婚姻是以两性结合为特征的一种社会关系，也是家庭赖以建立的前提条件，进一步地，以婚姻关系为基础的家庭构成社会的重要组成单元。婚姻的维系不仅关系到个人幸福、家庭和谐，也与社会稳定、经济持续发展息息相关。因此，本书将同时关注个体婚姻和生育选择。

改革开放四十多年来，我国人口发展的内生动力从主要由政策驱动转变为主要由经济社会因素驱动。我国育龄妇女的婚育选择、生育孩次结构等发生了显著变化。[①] 经济快速增长和社会飞速变迁所形成的宏观外在环境在很大程度上重塑了公众的婚育观念和行为，当下中国的婚姻状况呈现出与传统社会不一样的新特征。第一，结婚率[②]降低、初婚年龄提高。根据国家统计局数据显示[③]，21 世纪最初的 6 年里，我国结婚率一直保持在 6.30‰左右，变动较小；2007 年我国结婚率突破了 7‰，此后一直呈增长态势。2013 年全国办理结婚登记 1346.9 万对、结婚率为 9.92‰，达历史最高水平，此后结婚人数和结婚率逐年下滑。自 2014 年以来，中国的结婚登记人数以及结婚率均呈现出持续走低的态势。尤其是近年来，

---

① 资料来源：国家统计局。《统筹人口发展战略 实现人口均衡发展——改革开放 40 年经济社会发展成就系列报告之二十一》：https：//www.stats.gov.cn/zt_18555/ztfx/ggkf40n/202302/t20230209_1902601.html。

② 结（离）婚率计算公式为：当年结（离）婚对数/当年平均总人口数×1000‰。

③ 笔者根据中华人民共和国民政部各年份的民政事业发展统计公报计算所得，https://www.mca.gov.cn/n156/n2679/index.html。

2019 年中国结婚登记数量跌破 1000 万对，结婚率仅为 6.60‰，2020 年继续下降至 813.1 万对，结婚率降至 5.80‰，如图 1 - 3（a）所示。与不断下降的结婚率相对应的是初婚年龄不断提高。从 1990 ~ 2020 年，我国育龄妇女平均初婚年龄推迟 7 岁之多，从 21.4 岁增长至 28.7 岁，并有继续走高趋势。根据民政部统计数据显示，登记结婚人口中 20 ~ 24 岁人口占比从 2010 年的 37.60% 降至 2020 年的 18.59%，30 ~ 34 岁人口占比从 11.30% 提高至 19.97%。大量适婚群体选择晚婚甚至不婚。第二，离婚率逐年提高，婚姻存续期不断下降。2002 年起，我国离婚率增速明显，并延续至今。2016 年我国依法办理离婚手续的共有 415.8 万对，离婚率突破 3‰，此后一直保持在 3‰以上[1]，如图 1 - 3（b）所示。利用结婚和离婚数据，我们计算了 1990 ~ 2020 年中国离结比[2]的变化趋势，如图 1 - 4 所示，显然，呈增长态势，表明相对于结婚人数，离婚人数更多、增长更快。伴随着离婚率逐渐提高，婚姻的存续时间也相应缩短。持续下降的结婚率、不断推迟的初婚年龄以及逐渐提高的离婚率和不断缩短的婚姻存续期均表明当代年轻人对婚姻的需求大幅降低。

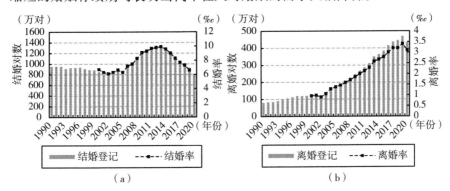

图 1 - 3 1990 ~ 2020 年中国婚姻发展趋势

资料来源：1990 ~ 2020 年《中国民政事业发展统计公报》。

---

① 《中国民政事业发展统计公报》，中华人民共和国民政部：http://www.mca.gov.cn/article/sj/。

② 离结比 = 离婚人数/结婚人数×100% 。

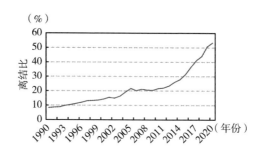

图1-4　1990~2020年中国离结比发展趋势
资料来源：1990~2020年《中国民政事业发展统计公报》。

结婚率下降、初婚年龄提高、离婚率上升带来的直接效应就是生育推迟、减少。从生育水平来看，1990年，我国育龄妇女总和生育率①约为2.31，到2020年跌到了1.30,② 低于人口更替水平。从人口出生率③来看，1990年我国的人口出生率为21.06‰，2000年降至14.03‰，2020年更是直接降到10‰以下，为8.52‰，如图1-5所示，根据《中国生育报告2020》，全面二孩政策颁布以后不仅没有出现生育高峰，反而出现生育断崖④。2016年，全面二孩政策实行，当年出生人口攀升至1786万，创2000年以来峰值，但之后连年大跌，2017~2020年出生人口分别为1725万、1523万、1465万、1200万。从人口年龄结构来看，1990年，0~14岁人口达31659万，占比27.70%；2000年降至29012万，占比为22.90%；到2020年，0~14岁人口仅为25277万，占比降至17.90%。在人口老龄化不断逼近的背景下，出生人口不断下降会直接导致劳动力规模缩减，阻碍了劳动力的长期供给，导致经济增长动力匮乏。

---

① 总和生育率：育龄女性（15~49岁）平均的生育子女数；育龄妇女：15~49岁女性，国家统计局
② 资料来源：2020年第七次全国人口普查公报。
③ 人口出生率：在一个时期之内（通常指一年）出生人数与平均人口之比，即人口增长率＝（年末人口数－年初人口数)/年平均人口×1000‰，它反映了人口的出生水平。
④ 近年来，中国政府出台了多项鼓励生育的政策，从单独二孩、全面二孩、到三孩政策等，但中国的生育情况仍不容乐观，2020年人口出生率跌破10‰，降至8.52‰。出生人口下降会直接导致未来潜在劳动力规模萎缩，影响经济的长期发展。

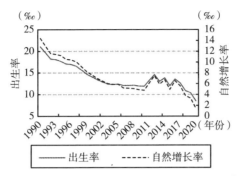

图1-5　1990~2020年中国人口出生率和自然增长率①发展趋势

资料来源：1990~2020年《中国统计年鉴》。

主观生育意愿的下降以及客观育龄妇女的减少是导致出生人口持续下降的重要原因。总的来说，20世纪80年代开始的计划生育政策以及经济社会发展带来的经济境况改善和个体婚育观念转变，使得晚婚晚育、少生优生已经成为大多数家庭和个体的自愿选择。从长期趋势看，伴随着育龄妇女数量减少、初育年龄推迟以及高孩次生育意愿下降，当前中国出生人口仍处于快速下滑期。出生人口数量的减少会直接导致劳动力规模缩减，使得经济增长动力匮乏。因此，不断走低的结婚率和生育率严重影响了经济社会的持续稳定发展。

1.1.3　中国出口贸易开放发展进程

改革开放开启了中国经济发展新篇章。从高度集中的计划经济到社会主义市场经济的经济体制改革和全方位、多层次、宽领域的对外开放极大地促进了中国经济腾飞，为中国经济发展奠定了坚实的基础，也使得中华民族迎来了从富起来到强起来的伟大飞跃。国家统计局公布的数据显示，1980年，改革开放的第二年，我国国内生产总值（GDP）总量

---

① 人口自然增长率＝人口出生率－人口死亡率＝（年内出生人数－年内死亡人数)/年平均人口数×1000‰。

约为 1911.5 亿美元，四十多年之后，2020 年我国 GDP 总量为 14.7 万亿美元，增长了约 77 倍。改革开放四十多年的时间，我国国内生产总值年平均增速达到 9.40%，是同期经济增速最快的国家。[①] 改革开放以来，我国还实行了一系列外贸体制改革，逐步放松对国际贸易的管制，这极大地推动了对外贸易的增长。2001 年加入世界贸易组织（world trade organization，WTO）是中国经济发展道路上的又一里程碑。自加入 WTO 以来，我国进行了严格的贸易壁垒削减措施，[②] 关税和非关税贸易壁垒大幅下降，贸易自由化程度快速提升。

伴随着经济体制的改革以及贸易壁垒的下降，中国的外贸产业得到了长足发展。出口贸易规模以及出口结构都有显著提升。就出口总量而言，1980 年，我国进出口贸易总额为 381.4 亿美元，其中出口贸易额为 181.2 亿美元；到 2000 年（加入 WTO 的前一年），我国对外贸易总额和出口贸易额分别增长至 4742.9 亿美元和 2492.0 亿美元；到 2020 年，分别增长至 46559.1 亿美元和 25899.5 亿美元，图 1-6 展示了 1980~2020 年中国进出口贸易总额和出口贸易额的变化趋势。就出口增速而言，从 1980~2000 年，我国出口贸易额增长了近 14 倍；从 2000~2020 年，我国出口贸易额增长 10 倍之多。2000 年，中国的进出口总额排名世界第六，其中出口额排名世界第七，2009 年，中国出口额排名上升至第一，成为世界第一大出口国，2009~2020 年，中国连续 12 年成为全球第一大出口国。中国也从世界第七大经济体（2000 年）成长为仅次于美国之后的世界第二大经济体（2010 年至今）。对外贸易的繁荣为我国经济的持续高速发展作出了突出贡献，也深刻影响着中国社会规则体制的变迁。

[①] 资料来源：国家统计局。《统筹人口发展战略 实现人口均衡发展——改革开放 40 年经济社会发展成就系列报告之二十一》，https://www.stats.gov.cn/zt_18555/ztfx/ggkf40n/202302/t20230209_1902601.html。

[②] 关税壁垒削减：中国于 2002 年初开始执行 WTO 规定的关税削减，关税总水平从 2002 年的 14% 降至 2005 年的约 10%，工业品关税由 13% 降至约 9.3%。非关税壁垒削减：诸如进口配额、许可证、特定招标制以及对其他对部分进口贸易品的审批制度等都会逐步取消。

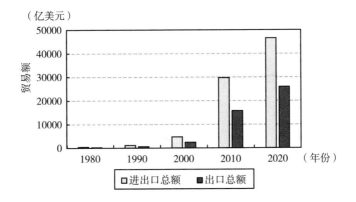

图 1－6 1980～2020 年中国出口贸易发展趋势

资料来源：1980～2020 年《中国统计年鉴》。

　　量的增长促进了质的飞升，中国出口产品结构不断优化，商品贸易结构经历了外延型增长和内涵型增长的双重变化（刘玉海和张默涵，2017）。中国已经从以原材料为主转变成为了以工业制成品为主的出口国（樊纲等，2006），高技术含量制成品所占份额也不断上升。国家统计局数据显示，1980 年，中国出口总额中工业制成品占比为 49.70%、资本和技术密集型产品占比为 10.83%。改革开放后该比重迅速上升，2000 年分别增长至 89.78% 和 38.00%。伴随着 2001 年加入世界贸易组织，对外贸易产品的技术结构进一步提升。到 2020 年，中国工业制成品的出口份额以及资本和技术密集型产品的出口份额分别增长至 95.54% 和 55.10%。[①]图 1－7 展示了 1980～2020 年我国工业制成品的出口情况以及资本和技术密集型产品的出口情况。显然，从 1980～2020 年，我国的出口技术结构明显优化。出口产品技术结构优化极大地促进了产业结构以及经济结构

---

　　① 笔者根据《中国统计年鉴》整理获得。根据《中国统计年鉴》数据显示，1980 年，中国出口总额为 181.19 亿美元，其中工业制成品 90.05 亿美元，资本和技术密集型产品 19.63 亿美元。2000 年，中国出口总额为 2492.03 亿美元，其中工业制成品 2237.43 亿美元，资本和技术密集型产品 946.98 亿美元。2020 年，中国出口总额为 25899.52 亿美元，其中工业制成品 24743.22 亿美元，资本和技术密集型产品 14270.24 亿美元。资本和技术密集型产品：联合国国际贸易标准分类（Standard International Trade Classification，SITC）中的第 5 类（化学成品及相关产品）和第 7 类（机械及运输设备）产品（孙永强和巫和懋，2012；陈怡和孙文远，2015）。

的转型升级，提高了中国经济发展的质量水平，同时也对不同性别、技能群体的经济社会境况产生了差异化的影响。

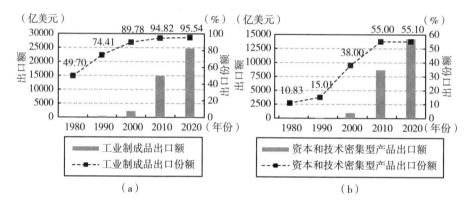

图 1 - 7　1980～2020 年中国工业制成品和资本技术密集型产品出口发展趋势
资料来源：1980～2020 年《中国统计年鉴》。

伴随着出口总量的增长以及出口产品技术含量提升，中国制造业出口服务化程度也在逐渐提高。制造业服务化一方面体现在研发创新等服务要素的投入占比的提升，另一方面也体现在产出由"产品"向"产品 + 服务"的综合体系的转变。图 1 - 8（a）展示了从产出角度计算的制造业产出服务化水平①随时间变化趋势，显然，呈增长态势，意味着制造业服务化程度稳步提升。制造业服务化和服务业发展相辅相成，相互促进。这一时期，我国的服务业也经历着快速发展。图 1 - 8（b）描述了 1980～2020 年中国服务业（第三产业）产值及其对 GDP 增长的贡献率的变化趋势，可以看出，中国第三产业产值从 1980 年的 982.0 亿元增长至 2020 年的 553976.8 亿元，对 GDP 增量的贡献率也从 20% 左右增长至近 50%。制造业服务化程度加深以及服务业的快速发展有效地促进了制造业出口服务化水平的提升。制造业服务化不仅有利于缓解现阶段中国企业出口增长乏力的现状，协助建构"中国制造"的新优势，同时也是优化出口

---

①　由于 ICIO 统计数据年限的限制，仅能得到 1995～2018 年中国的投入产出数据，因而由此计算的制造业服务化指数也仅为 1995～2018 年。

结构、实现贸易结构转型升级的重要途径（刘斌和王乃嘉，2016）。

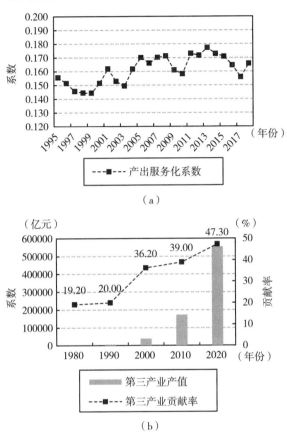

（a）

（b）

图1-8 中国服务化水平和第三产业发展趋势

资料来源：OECD 的国家间投入产出数据库（ICIO）；1980～2020 年《中国统计年鉴》，产业贡献率指各产业增加值增量与 GDP 增量之比。

1.1.4 贸易开放与婚育

贸易的繁荣促进了经济高速发展，生产力的提升以及生产方式的转变深刻影响着个体的经济社会境况以及社会文化观念，个体婚育观念、婚育选择也随之改变。首先，出口贸易的发展会带来个体劳动力市场产出的变化，从而直接影响个体结婚和生育表现。就业以及收入是国际贸易影响国民福利的最重要的渠道。通常而言，市场规模的扩大会带来整体就业机会以及收入水平的提高，但这种提高可能存在性别或者技能非中性，从而对不同群体婚育的成本和收益产生差异化影响，最终影响个体婚姻和生育决策。其次，出口贸易的发展会对教育投资产生显著影响。出口贸易会带来出口学习效应，促进国内生产技术水平的提升，使得对劳动力的技能要求提高，进而促使个体进行人力资本投资、提高受教育水平。受教育水平的提升会通过推迟婚育节点、增强经济实力、改变婚育观念等渠道使得个体婚育意愿下降、婚育减少。高学历个体通常受教育年限更长、经济实力更强，具有更高的婚育自主权，也更加看重家庭生活的质量，对待婚姻和生育的态度更为谨慎。最后，出口贸易的发展会带来个体观念转变进而影响个体婚育选择。出口贸易的繁荣不仅使得各国间的经济往来更加频繁，也加深了国家间的文化交流，有效促进了国内婚恋以及生育观念的转变。伴随着个体自主意识强化，他们更加崇尚婚恋自由以及生育自由，传统成家立业、男主外女主内、养儿防老等思想逐渐退化，适龄群体对婚姻和孩子的需求不断降低。综上所述，出口贸易会通过劳动力市场产出、受教育水平以及婚育观念等影响个体婚育观念及行为，使得当下中国社会呈现出结婚率逐年走低、初婚年龄不断提高、婚姻存续期不断缩短、生育水平持续下降的状态。晚婚晚育乃至不婚不育带来的过低的人口出生率使得劳动力成本逐年上涨，人口数量红利消失，在未来很长一段时期里都将对中国经济社会的发展产生重要影响。因此，本书将对出口贸易开放对个体婚育选择的影响效应及内在机理进行直接评估。

1.2 研究意义

在婚育水平不断走低、出口贸易持续发展的背景下，本书将从出口规模扩张、出口技术结构优化、出口服务化深入三个维度对出口贸易发展进程进行刻画，并考察其对中国居民婚育决策的影响效应以及作用渠道，具有重要的理论意义和现实意义。

1.2.1 理论意义

第一，本书从经济学角度出发、以劳动力市场产出效应为连接点，探讨了出口规模扩张、出口技术结构优化以及出口服务化对个体婚育决策的影响，是对国际贸易学、社会学和人口学研究内容的有机结合。贸易以及贸易利得分配是属于国际贸易学的核心研究内容，婚育问题则是社会学、人口学领域的重要议题。本书基于"出口贸易开放—劳动力市场产出（就业、收入等）—个体婚育选择"的逻辑将二者联合了起来。伴随着当下经济的快速发展、社会的多元化转型，经济实力逐渐成为影响个体婚姻和生育决策的重要因素，仅从人口学、社会学或者任何一个单一的学科角度对其进行解读都是远远不够的，多维度地考虑各种因素，尤其是经济因素对个体婚姻和生育选择的影响十分有必要。

第二，本书从经济学角度解读了个体的社会行为，为当前中国婚育问题的研究提供了新思路。当前关于贸易和婚姻以及生育问题的研究仍处于较为独立的状态，前者多从经济学角度对贸易的原因、方式、利得分配等问题进行考察，后者多从人口学、社会学等角度对当下结婚率下降、婚姻稳定性下降、婚姻挤压效应等问题的原因进行解读。在全球经济深度融合、中国经济双向循环的背景下，贸易增长是助力国内经济发展、产业结构转型升级的重要推力，会通过就业、收入等利得分配对个体和家庭经济环境的变迁产生重要影响，也会通过文化交流和融合等促进社会体制规则的变迁，潜移默化地影响着个体社会文化观念，从而影响个体婚育选择和婚育观念。在对外开放水平不断提升、经济因素的重要性不断增长的当代社会，从国际贸易学、经济学的角度对人口学、社会学中的婚育问题进行研究为理解当前结婚和生育选择变迁问题提供了一个新的思路。

第三，本书将贸易的经济效应和社会效应相连接，是对贸易产出效应的进一步完善，丰富了国际贸易理论与实证的研究内容。贸易的经济效应是国际贸易领域的核心议题，主要关注贸易对一国经济的影响，包括总的利得及其分配。众多文献考察了贸易开放对一国总体福利诸如就业、工资水平等的影响以及贸易对不同性别和技能群体福利的影响。较少有研究关注到贸易对社会因素的影响。显然，从劳动市场产出角度入手是探索贸易开放的社会效应的重要渠道。贸易不仅会通过经济因素对个体行为造成影响，还会通过社会习俗、观念等的变迁潜移默化地影响个体行为。就个体婚育表现而言，贸易一方面会通过就业、收入等劳动力市场产出效应直接影响个体婚姻和生育决策；另一方面还有助于提升受教育水平、强化个体自主意识，使得个体价值观念趋于多元化，降低其对婚姻和孩子的需求，从而影响婚姻和生育表现。对贸易的社会效应的研究有助于进一步拓宽贸易产出效应的研究领域，对于贸易开放战略、人口长期发展战略和婚育政策等的制定均有重要作用。

1.2.2 现实意义

第一，本书就出口贸易开放的各个层面——出口规模扩大、出口技术结构升级、出口服务化程度加深对个体婚育表现的影响进行了详细的探讨，厘清了二者之间的因果关系，对于理解和改善对外开放程度不断加深背景下结婚率和生育率持续走低具有重要意义。在全球化日益加深、中国经济双向循环的背景下，贸易作为推动国内经济发展的重要因素，会通过就业和收入等利得分配对个体乃至家庭经济环境产生重要影响，也会通过教育和社会观念等作用于个体经济境况、性别认知观念、生育和养老观念，最终影响个体婚姻和生育决策。伴随着个体经济社会境况的改善和婚育观念的变迁，可能会使得结婚和生育进一步走低。党的十九届五中全会指出，要坚持实施更大范围、更宽领域、更深层次的对外开放，党的二十大继续强调了要坚持社会主义市场经济改革方向，坚持高水平对外开放，这会对国内劳动力市场造成更大的影响，进而影响个体婚姻和生育选择。在此背景下有必要采取措施对贸易的劳动力市场产出效应和教育提升效应对婚育的影响路径进行调节，对个体婚育观念以及婚育选择进行引导，从而缓解结婚率和生育率逐年下降的趋势。

第二，结合国际贸易学、社会学和人口学相关内容的交叉性研究，本书为政府制定贸易开放战略、人口长期发展战略和婚育政策等提供了实证支撑。贸易对一国国民福利的深远影响不仅是学者们关注的热点，也是各国政策制定的重要支撑。众多学者考察了贸易开放对就业、工资、价格等经济变量的影响，但鲜有研究关注到贸易自由化进程对婚姻、生育等人文政治变量的影响。伴随老龄化不断加剧、人口出生率持续走低，人口结构失衡已成为现阶段中国人口发展面临的主要问题。就贸易扩张对个体婚育选择的影响进行评估，不仅有利于理解经济问题对社会变迁和个人选择带来的重要影响，对于贸易开放战略、人口长期发展战略和婚育政策等的制定也具有重要的现实意义。

1.3 研究内容与框架

国际贸易的发展为我国经济的持续增长作出了突出贡献，不仅有效提升了国内居民的经济状况，也带来了文化的交流融合，促进了社会体制规则的变迁。伴随着收入水平的提升以及文化观念的开放，年青一代的自我意识逐渐加强，其婚育观念和行为也越来越少地受限于家庭与社会的传统规范。当下中国呈现出结婚率降低、初婚年龄提高、婚姻稳定性下降、生育率下降的态势。在老龄化不断加剧的背景下，晚婚晚育乃至不婚不育引发的人口出生率持续走低，会导致人口结构失衡等一系列人口问题，从而阻碍经济的长期发展。在此背景下，本书就出口贸易发展对中国居民婚育选择的影响进行评估。具体地，本书从三个角度对出口贸易开放进行刻画，考察出口规模的扩张、出口技术结构的优化、出口服务化程度的提升对个体婚姻和生育选择的影响。本书试图厘清出口贸易开放对婚姻形成和生育选择的影响效应和影响渠道，为贸易政策以及人口政策的制定提供经验证据。

1.3.1　研究思路和内容

为了获得出口贸易开放对个体婚育决策的全方位的影响，本书主要按照以下逻辑进行。

首先，利用已有文献对影响个体婚姻和生育选择的核心因素进行梳理，再就婚育决策的经济学理论进行分析。①基于贝克尔（Becker，1973）的成本收益分析法，我们对个体婚姻表现进行了分析。婚姻决策的经济学理论基于这样两个前提，一是偏好理论，结婚是为了寻求更高的收益，只有当结婚的收益大于成本时，理性经济人才会选择结婚；二是个体基于自身特征（工资、收入、相貌、身高、智力、受教育水平等）以及市场约束，寻求最佳伴侣，从而整个婚姻市场达到均衡。②基于贝克尔（Becker，1960）关于生育选择的经济学理论的阐述，将对孩子质量的偏好引入生育选择，采用预算约束下效用最大化决策对个体生育决策进行了分析。紧接着，结合贸易开放背景，对贸易开放的劳动力市场产出效应、教育提升效应以及贸易开放如何通过这些效应影响个体婚姻和生育决策的相关文献进行了整理，并尝试基于婚育选择的经济学理论基础和贸易的产出效应，探寻出口规模扩张、出口技术结构优化和出口服务化影响个体婚姻和生育选择的具体的内在机理。在书中主要体现为第二章的内容。

其次，对本书后续进行实证分析使用到的数据作了详细介绍。主要包括用于个体婚姻选择分析的中国家庭收入调查数据（Chinese household income，CHIP）和用于个体生育决策分析的中国 1990 年和 2000 年的人口普查 1% 随机抽样数据综合公用微数据系列（integrated public use microdata series，IPUMS），用于计算各解释变量的中国海关进出口数据、BACI 双边贸易流数据、GeoDist 双边距离数据①、世界发展指标（World development indicators，WDI）、国际投入产出数据（Inter-Country input-output tables，ICIO）以及《中国城市统计年鉴》和《中国统计年鉴》数据，以及用于机制检验的中国综合社会调查数据（Chinese general social survey，CGSS）等。我们对数据来源、处理过程进行了详细的说明，并采用表格、图形等方式对数据的描述性统计特征进行了直观的刻画。此外，基于 CHIP 数据和 IPUMS 数据，我们对本书的核心被解释变量——个体婚姻状况和个体生育状况的构造过程以及数值特征作了详细的介绍和说明。在书中主要体现为第 3 章的内容。

再次，利用数据实证分析城市出口贸易开放对中国居民婚育选择的影响及作用机制，即利用 CHIP 数据和 IPUMS 数据层层递进地评估了城市出口贸易规模扩张、出口技术结构优化以及出口服务化水平提升对个体婚育选择的影响及作用渠道。

① 第 4 章考察了中国城市层面出口规模扩张对个体婚育决策的影响效应及作用机理。第一，考虑到被解释变量的统计特征，我们设定了用于实证估计的计量模型——离散选择 Logit 模型，并就所涉及的变量和指标的含义、计算方法、统计特征进行了详细的说明和刻画。第二，基于已设定的计量方程，我们实证估计了城市出口规模扩张对个体婚姻

---

① BACI 数据库和 GeoDist 数据库是在 CEPII 的官网公开的数据库，网址：www.cepi.frl。

形成和个体生育决策的影响。结果发现，城市出口规模扩张对个体婚育表现产生了显著的负向影响，会导致个体结婚和生育概率降低，且这一负效应对于经济发达、服务业繁荣、教育发达的东部地区的个体，对于低学历低收入个体、女性个体、年青一代更为显著。第三，利用 CHIP 数据、IPUMS 数据和 CGSS 数据，我们对引起上述结果的内在机制作了简要分析，结果表明出口规模扩张会通过提高个体收入水平进而降低婚育的收益、提高婚育的成本，最终使得婚育减少，还会通过促进个体婚育观念转变使得对婚姻和孩子的需求降低，婚育意愿下降，从而结婚和生育减少。

② 第 5 章考察了中国城市层面出口技术结构优化对个体婚育决策的影响效应和机制。第一，基于个体婚姻状况和个体生育状况的统计特征，本章继续采用离散选择 Logit 模型来检验城市出口技术结构优化对个体婚育表现的影响，据此我们设定了计量方程，并就所涉及的关键变量的含义、构造过程及其统计特征等进行了详尽介绍。第二，基于上述研究设计，利用 CHIP 数据估计了城市出口技术结构优化对个体婚姻形成的影响、利用 IPUMS 数据估计了城市出口技术结构优化对个体生育决策的影响。结果发现，城市出口技术结构优化（出口技术复杂度提升）会对个体婚育选择产生负向影响，导致个体婚育表现欠佳，并且这一负效应对于经济发达、服务业发达、教育发展水平较高、外资参与程度较高的东中部地区的个体，对于年龄较长的、高收入高学历个体、城镇女性个体更加显著。第三，结合 CHIP 数据和 CGSS 数据，我们继续探寻了城市出口技术结构变迁引致个体婚育表现变化的可能渠道，结果表明，城市出口技术复杂度提升有助于促进人力资本投资，提高个体受教育水平，受教育程度的提升再通过延迟婚育时点、改变婚育观念、提升经济实力等渠道降低个体结婚和生育意愿，从而使得个体结婚和生育表现均欠佳。

③ 第 6 章考察了中国城市层面出口服务化程度加深对个体婚育表现

的影响效应和内在渠道。第一，基于被解释变量——个体婚姻状况和个体生育状况的统计特征，本章仍然采用 Logit 模型进行分析，并据此设定了实证分析的计量方程，再就所涉及的变量的定义、构造方法、计算过程、数值特征等信息作了详尽的统计说明。第二，利用已设定的实证研究策略估计了城市出口服务化进程推进对个体婚育表现的影响。结果表明，城市出口服务化水平提高会对个体婚育表现产生负向影响，并且这一负效应对于经济发展水平较高、服务业更发达、教育发展水平较高、制度水平更完善的东部省市的个体更加显著，对于中低学历个体、低收入个体、女性个体以及低龄个体更为显著。第三，基于 CGSS 数据，我们进行了机制检验，考察了城市出口服务化水平提升引起个体婚育表现欠佳的潜在渠道。结果发现，城市出口服务化程度提高促进了分工深化以及服务业的发展，提高了个体就业和收入水平，尤其是女性劳动力，就业以及收入的增长显著改善了两性个体尤其是女性个体的经济境况，导致了婚姻净收益的下降以及生育成本的上升，最终使得结婚和生育水平均下降。第4章至第6章也是本书的核心内容。

最后，结合理论分析和实证结果，对于国家对外开放政策、人口政策提出相关可行建议。我们先就全书的研究内容作了简要的归纳，总结了出口规模扩张、出口技术结构优化和出口服务化进程加深对个体婚姻和生育表现的具体影和主要的影响渠道以及对不同地区个体、不同特征个体的异质性影响，再依据研究结论，结合现实情况和国家政策导向，就国家对外开放战略、人口发展战略等提出可行建议。在书中体现为第7章的内容。

1.3.2　研究框架

本书研究框架如图 1-9 所示。

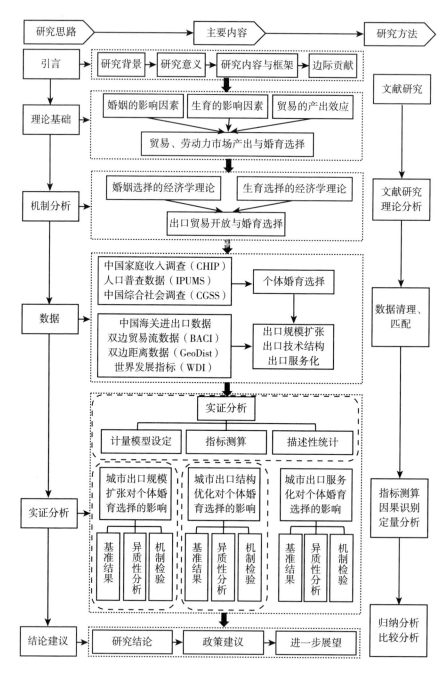

图1-9　本书研究框架

1.4 边际贡献

本书可能在以下几个方面存在边际贡献。

在研究视角上：本书从经济学角度出发、以劳动力市场产出效应为连接点，探讨了出口贸易扩张对个体婚姻和生育选择的影响，是结合了国际贸易学、社会学和人口学的交叉学科的研究。当前对贸易和婚育问题的研究仍处于相对独立的状态，国际贸易学多从经济学角度对贸易的福利效应（多为经济效应）进行研究，对婚育问题的研究则多是从社会学和人口学的角度切入。本书基于"出口贸易开放—劳动力市场产出（就业、收入等）—个体婚育选择"的逻辑将国际贸易学和社会学、人口学联合了起来。一方面，从经济学角度对个体婚姻和生育表现进行了解读，完善了关于婚姻形成以及生育领域的经验研究。为解读乃至解决全球化背景下结婚率下降、婚姻稳定性降低、生育水平下降、人口出生率走低等婚育问题提供了思路。另一方面，从社会学视角探讨了出口贸易的影响，证实了出口贸易对个体婚姻和生育的实质性影响，将贸易的社会效应延伸至了婚姻市场和生育选择，是对贸易社会效应乃至贸易产出效应的补充，不仅完善了贸易福利分配的相关研究，进一步丰富了国际贸易理论与实证的研究内容，也拓宽了贸易产出效应的研究领域，对于贸易开放战略、人口发展战略、婚姻政策和生育政策等的制定均有重要作用。因此，本书具有十分重要的理论和现实意义。

在研究主题上：本书首次以中国为样本从微观个体层面考察了出口贸易开放对个体婚育选择的影响。就贸易与婚育这一相关主题的研究，国外学者从宏观地区层面和微观个体层面均进行了考察，但国内的相关研究较少，且为中观层面的研究（刘灿雷等，2022；刘铠豪等，2022）[①]，针对中国微观层面的研究几乎没有，本书的研究弥补了这一缺口。本书从微观个体层面来考察城市层面的出口贸易对个体婚育表现的影响，有助于深入理解国际贸易发展对家户以及个体造成的社会层面的影响，并从贸易的经济效应角度为个体婚育选择的变化提供新的解释途径。再者，本书同时考察了出口贸易开放对个体婚姻和生育表现的影响。婚姻是一个带着很多附加条件的"包裹"（package），尤其对于深受儒家文化浸染的东亚国家，结婚即意味着参与家务劳动、生育和养育孩子等（陈卫和刘金菊，2021）。因此通常我们认为结婚和生育是同向变动的，但考虑到结婚和生育的含义及其对两性个体的收益和成本并不完全一致，[②] 我们利用不同的数据分别对个体婚姻形成和生育决策进行了考察。最后，通过出口规模的增长、出口结构的优化和出口服务化加深层层递进地对出口贸易进行刻画，全面系统地考察了出口贸易的各个方面、各个阶段对个体婚育选择的影响。现与本书联系最为紧密的研究也只考察了贸易量的增长对婚姻或生育的影响，尚未有研究涉及出口技术结构或出口服务化对个体婚育表现的影响。因此，本书是首篇考察城市出口技术结构与个体婚育表现的研究，也是首篇考察城市出口服务化与个体婚育表现的研究。现有关于出口技术结构与出口服务化的研究多是分析技术含量提升和出口服务化的经济效应，较少有延伸至对个体尤其是对个体社会决策，如婚姻和生育的影响，本书将贸易品技术结构变迁和出口服务化程度加深的影响拓展到了社会层面，丰富了出口结构优化和出口服务化的经济效应的研究。

在数据选用上：本书采用中国家庭收入调查（CHIP）中住户成员个

[①] 刘灿雷等（2022）采用的中国人口普查1%随机抽样调查数据和刘铠豪等（2022）采用的城镇住户调查数据均是微观个体层面数据库，但作者都将其加总到了城市层面进行估计，因此我们将其视为中观层面的研究。

[②] 例如，传统的男主外女主内的性别分工模式可能使得女性在婚后承担更多的家务劳动；男性和女性生理构造的原因使得生育的成本更多地由女性承担，等等。

人情况调查数据提供的个体真实的婚姻状态来测度个体婚姻选择，采用 IPUMS 提供的个体真实的生育情况来测度个体生育选择，前者的样本期间为 1999～2013 年（非连续），后者为 1990 年和 2000 年。一方面，采用不同的数据库来分别衡量婚姻和生育有助于增强结果的稳健性，因为通常认为婚姻和生育是同向变动的，因而出口贸易对婚姻和生育的影响不应该因为使用数据库的不同而导致结果存在差异。另一方面，两个数据库在时间上是具有较高的"连续性"，IPUMS 数据反映了 20 世纪末个体的婚育状况，CHIP 数据反映了 21 世纪初个体的婚育状况，利用两个数据库进行分析可以大致反映 20 世纪末至 21 世纪初的 20 多年里，个体婚姻和生育的变动趋势。再结合中国海关进出口数据、BACI 双边贸易流数据、GeoDist 双边距离数据、WID 和 ICIO 即可分析在较长的时间段里出口规模扩张、出口技术含量以及出口服务化的变化对个体婚育选择的影响。此外，基于各数据库提供的个体真实的婚育状态来测度个体的婚育决策，能够更加真实地衡量出口贸易变迁对个体婚育选择的实际影响，对于政策制定具有更强的指导意义。

在研究内容上：本书以中国为样本系统地探讨了城市出口贸易发展（出口规模扩张、出口技术结构优化和出口服务化）对个体婚姻和生育表现的全面影响。结果发现，城市出口贸易发展总体上会导致个体婚育行为减少。首先，为了结果的可靠性，我们进行了一系列的稳健性检验，包括改变被解释变量的测算方式、变换解释变量、变换估计方法和估计样本等，证实了基准结果的稳健性。其次，考虑到个体以及城市特征的差异，我们探讨了出口贸易发展与个体婚育表现的异质性关系，从个体性别、受教育水平、年龄、经济状况，从城市地理区位、经济发展水平、产业结构等多个维度进行了分样本检验，考察了出口规模扩张、出口技术含量提升以及出口服务化对个体婚姻和生育表现的差异化影响。结果发现，城市出口贸易发展对婚育选择的负效应对于经济发达地区的个体更为显著；基于个体特征的分样本检验结果表明城市出口规模扩张和出口服务化对个体婚育表现的负效应对于经济社会状况欠佳的女性个体更为显著，而城市出口技术结构优化对个体婚育表现的负效应对于经济社会状况较好的女性个体更为显著。最后，贸易不仅会通过经济因素对个体决策造成影响，还会通过教育、社会习俗和观念的变迁潜移默化地影响个体选择。因此，我们从劳动力市场产出效应、教育和社会观念变迁角度分别考察了城市出口规模扩张、城市出口技术结构优化以及城市出口服务化导致个体婚育表现不佳的影响渠道。结果发现，城市出口规模扩张主要通过提高经济实力和促进婚育观念变迁从而使得个体婚育减少；城市出口技术复杂度提升主要通过促进人力资本投资（教育扩张效应）进而使得个体婚育减少；城市出口服务化则主要是通过促进就业和收入增长最终使得个体婚育减少。本书的研究证实了出口贸易发展促进了就业和收入增长，提高了国民福利，同时经济社会地位的提升会使得个体减少结婚和生育，尤其对于女性，这与现有研究结果是较为一致的，但本书对于出口贸易以及婚育的刻画更为细致，是一项更加全面、系统的研究。

第**2**章

理论基础与机制分析

2.1 婚姻选择的理论基础分析

2.1.1 婚姻选择的影响因素研究

　　大量文献探索了婚姻决策的影响因素。早期对婚姻问题的研究主要是由人口学、社会学领域的学者推进的。人口学学派认为，人口性别比会通过影响适婚群体中男性和女性的相对数量和对应关系，进而决定结婚率。就婚姻稳定性而言，寿命的延长会带来更多的婚姻问题，加剧婚姻的不稳定性。社会学学者是研究婚姻问题的主力军，他们从文化、政策、社会结构等多个角度对婚姻问题进行了解读。从文化变迁角度来讲，婚姻的变动多来自价值观念的变迁，改革开放以后择偶观、恋爱观、家庭观和婚姻观的巨大转变导致了离婚率的上升。从政策变迁角度来讲，中国婚姻发展进程带有明显的时代特征和政策烙印：20 世纪 50 年代因反封建而离婚、60 年代为了性别平等而离婚、70 年代因为政治运动而离婚，八九十年代的婚姻面临的主要挑战来自社会结构的变迁，如女性就业水平和受教育水平的提升（叶文振，1997；王有智和彭飞，2003）。

贝克尔（Becker，1973）从经济学角度对婚姻的收益和成本进行了理论分析，奠定了婚姻决策的经济学理论基础。他指出，婚姻选择基于两个前提，一是偏好理论，结婚是为了寻求更高的收益（大于其单身的收益）；二是个体基于自身特征以及市场约束，寻求最佳伴侣。首先，婚姻是自愿行为，只有当结婚的收益大于成本时，理性经济人才会选择结婚。贝克尔（Becker，1973）认为婚姻的收益主要来自男女双方的生产互补性、孩子的收益、两性之间的生理和情感吸引力、市场机会以及个体特征等。婚姻的成本则包括律师费用、搜寻成本以及举办婚礼、支付彩礼、购买婚房等量化成本和婚姻存续期间的维系成本（Keeley，1977；Keeley，1979；阳李，2019）。当婚姻的净收益为正时，个体选择结婚。其次，存在一个婚姻市场，个体会根据自己的市场特征（工资、收入）和非市场特征（相貌、身高、智力、受教育水平等）寻找自身的最优匹配，从而整个婚姻市场达到均衡。

实证研究上，众多学者就影响婚姻成本和收益的各种因素进行了分析，主要包括收入、教育等个体因素以及性别比、城镇化等宏观因素。在传统男主外女主内的性别分工模式下，互补性收益是婚姻收益的主要来源，大多数研究认为男性较高的收入水平会提高互补性收益，从而提高结婚率，相反女性较高的收入水平会降低互补性收益，从而降低结婚率。在这一分工模式下，高收入男性和低收入女性从婚姻中获得的收益更大，更有可能较早地结婚（Keeley，1977），相反，女性经济实力的相对改善可能会使得互补性收益下降，从而结婚减少。"新家庭经济学（new home economics）"认为更好的教育和就业机会带来的女性经济独立性提高是导致其推迟结婚和生育的重要因素。贝克尔（Becker，1973）也指出工作女性的经济独立会使得其结婚可能性减小。桑托斯（Santos，1971）对美国的研究发现，女性工资率相对于男性越高的州，结婚率更低。基利（Keeley，1979）对哥伦比亚的研究指出，如果已婚男性专注于市场，而已婚女性专注于家庭（男主外女主内的分工模式），那么女性相对于男性的工资增加会降低婚姻收益，使得结婚减少。布劳等（Blau et al.，2000）采用西班牙1970年、1980年和1990年的人口调查数据研究发现，对女性友好的劳动力市场和不友好的婚姻市场、对男性不友好的劳动力市场均会降低结婚率，较高的成年男性失业率和较低的成年男性工资率会降低结婚率。贝特朗等（Bertrand et al.，2015）指出，在美国，当女性收入高于男性时，他们更加不可能建立婚姻关系；若婚姻关系已经建立，女性更有可能离开劳动力市场或者选择从事低于其潜在工资的工作，对于已婚夫妇来讲，如果妻子工资高于丈夫，他们的婚姻满意度会下降，还可能离婚。谢泼德（Shephard，2019）利用美国社区调查和收入动态面板数据实证检验了自20世纪80年代以来美国性别工资差距缩小对婚姻的影响，指出20世纪80年代以来女性相对收入的显著增加同时导致了女性就业增加、男性就业减少以及女性初婚年龄增加（晚婚）。广泛就业带来的女性经济独立性的提升进一步促进了女性对自身价值的追求，事业上的获得感使得其对婚姻和家庭的需求不断降低。詹森（Jensen，2012）通过一项实验研究了劳动力市场机会对印度女孩婚姻和生育决策的影响，在该实验中，招聘人员随机访问一组选定的村庄，帮助其中的年轻女性获得工作机会。实验结果发现，被选定村庄的年轻女性选择结婚生子的概率显著降低，她们会更多地选择进入劳动力市场或者接受教育及培训。这项研究表明，女性也有职业需求，也渴望在其一生中有稳定的工作，而不只是结婚生子。於嘉等（2020）指出，大量女性劳动力参与到市场活动中来，在就业和收入等方面与男性的差距不断缩小，这极大地降低了女性从婚姻中获得的价值，结婚意愿下降，晚婚与不婚也由此出现。

受教育水平是影响个体婚姻决策的另一重要因素，它会通过推迟婚姻节点、塑造婚恋观念、增强潜在经济实力等渠道影响个体婚姻选择。通常认为女性受教育水平的提高最终会导致其推迟结婚年龄、减少结婚行为，而男性受教育水平的提升对其婚姻选择的影响存在较大的不确定性，因为男性受教育水平的提升一方面会通过推迟婚姻节点、改变婚姻观念等使得结婚推迟或减少，另一方面也会通过增强其潜在经济实力使得婚姻收益提高、结婚意愿增强。基松宾和霍尔曼（Quisumbing and Hallman，2005）通过对孟加拉国等6国数据的OLS回归结果发现，受教育程度提高会使得女性推迟结婚年龄，但是受教育程度对于男性结婚年龄会产生负向作用。章逸然等（2015）利用2010~2012年中国综合社会调查数据（CGSS）的研究结果也表明高等教育会增加女性婚姻匹配困难程度，但却有利于降低男性的婚姻匹配困难程度。布洛斯菲尔德和惠宁克（Blossfeld and Huinink，1991）对德国的研究发现教育扩张对初婚年龄具有推迟效应，主要因为教育扩张延长了女性受教育时间，使其长期处于教育系统，推迟了从青年人转变到成年人的时间节点，从而推迟了婚姻和生育，在校身份与家庭中丈夫（妻子）角色的不兼容使得受过高等教育的个体更多地推迟了结婚的时间。基利（Keeley，1977）将家庭生产理论和搜寻模型纳入统一框架，指出教育会推迟两性结婚年龄，且会导致女性推迟得更多。不仅因为受教育时间的延长推迟了其身份转变的时点，女性受教育水平的提高也提升了其市场生产率，降低了婚姻的收益，因此高学历女性更有可能推迟结婚。基利（Keeley，1979）的研究表明女性受教育水平的提高（保持男性教育不变）降低了婚姻收益，而男性受教育水平的提高（保持女性教育不变）增加了婚姻收益。随着女性个体受教育程度的不断提升，越来越多的女性期望在职场上有所成就，对婚姻的需求下降导致初婚年龄大幅推迟（於嘉等，2020）。吴要武和刘倩（2014）利用中国2000年人口普查、2005年1%人口抽样调查微观数据以及2002~2009年城镇住户调查数据考察了高校扩招对婚姻市场的影响，指出高校扩招对婚姻市场的不利影响是显著的，主要体现在高等教育会使得男性和女性进入婚姻市场的年龄推迟，导致"剩男"和"剩女"现象同时出现。其原因可能在于高校扩招改变了男性占主导的性别结构，女性在高等教育群体中开始占主导地位，在男性向下婚、女性向上婚的婚姻模式下，[①] 女性受教育水平提升使得匹配难度加大，匹配失败的概率进一步提高；同时，在劳动力市场上的成功也降低了女性群体在婚姻中的收益，导致结婚减少。

宏观层面的城镇化、性别比等也会对个体结婚行为产生重要影响。城市密集度（城镇化）会通过改变搜寻的直接成本进而影响婚姻选择，生活在大城市对两性结婚年龄都有负向影响，且对女性影响更大。在人口流动性逐渐增大的当今社会，一方面，大量人口流入城市，在城市滞留时间的延长会推迟个体初婚年龄（宋月萍等，2012），尤其是对于农村女性（靳小怡等，2005）；另一方面，打工经济带来的社会快速流动打破了传统的地方性婚姻圈，婚姻资源尤其是女性资源的跨区域流动形成了全国性的婚姻市场，对本地婚姻市场造成了挤压（李永萍，2018）。性别比失衡是造成结婚率下降的又一重要原因。从个体角度来讲，性别失衡影响着个体结婚的收益和成本，适婚女性数量增长不及男性会显著降低男性的婚姻收益，从宏观层面来讲，性别比失衡会导致单身男女匹配受阻，性别比上升是导致男性婚姻匹配困难的重要原因（江涛，2013）。

2.1.2 婚姻选择的经济学理论基础

关于婚姻问题的理论研究多集中于社会学、心理学、生理学等领域，这些领域的学者们从人口性别比、预期寿命、文化、政策、社会结构等角度对婚姻问题进行了研究。经济学学派的研究是近年来才开始的，其中最具代表性的当属贝克尔的一系列研究。经济学理论多基于成本—收益法对个体婚姻选择进行分析，他们将婚姻视为一种契约，这种契约的

[①] 传统男高女低的婚配模式：女性偏好更高受教育水平的配偶和男性偏好受教育水平比自己更低的配偶。

签订与解除是约束条件下个人效用最大化决策的结果。根据贝克尔（Becker, 1973；Becker, 1974）提出的新古典主义婚姻决策理论，当且仅当结婚的收益大于成本时个体才会选择结婚。婚姻的收益主要取决于男女双方的"生产互补性"（分工收益和规模收益）。男女双方的互补性主要体现在通过家庭成员之间的分工协作（通常为男主外女主内）使得家庭效用最大化。家庭效用不直接依赖于购买的产品和服务，而是家庭的产出，这种产出依赖于时间、商品和其他用于家庭生产的投入的"相容性"或"互补性"上。即是有，家庭将家庭成员提供的时间与市场上购买的商品和服务相结合，以在家庭内部生产更基本的"商品"，这是效用的真正对象（Becker, 1965；Lancaster, 1966）。配偶的时间和市场商品之间的互补性越强，家庭产出就越大，婚姻的收益就越高。此外，婚姻的收益还来自于孩子的收益、两性的情感和生理吸引力、市场机会以及个体非市场特征等。市场机会主要是指家庭成员参与市场劳动获得收入（工资）、家庭购买市场商品的价格等。个体特征主要包括外貌、智力、教育等影响非市场生产率的特征，个体特征值的提升能有效提高非市场生产率，从而提高婚姻的收益。婚姻的成本则包括律师费用、搜寻成本以及举办婚礼、支付彩礼、购买婚房等量化成本和婚姻存续期间的维系成本（Keeley, 1977；Keeley, 1979；阳李，2019）。律师费用是指离婚法律的难易程度的潜在影响，法律对于离婚的要求越高，则结婚的隐性成本越高。搜寻成本包括寻找伴侣的直接成本以及放弃潜在对象的机会成本。婚姻维系成本包括维持婚姻当事人物质和精神需求的基本支出、孩子的教育和培养等。理性经济人将会通过衡量结婚的成本和收益作出是否结婚以及何时结婚的决策。

贸易主要通过劳动力市场产出以及婚姻观念影响个体婚姻选择。具体而言，在男主外女主内的生产互补的分工体系下，对男性友好的劳动力市场环境有助于提高男性的市场收入，从而提高婚姻的收益，使得结婚率上升。对女性友好的劳动力市场环境提高了女性的市场收入，降低了其从家庭分工协作中获得的相对收益，使得结婚率下降。[①] 此外，贸易的发展有助于促进性别认知观念的变化，女性不再专业从事于家务活动和家庭生产，男性也需要兼顾事业和家庭，使得男主外女主内的分工模式逐渐瓦解。图 2 - 1 展示了婚姻决策的经济学理论以及贸易对婚姻的可能影响路径。

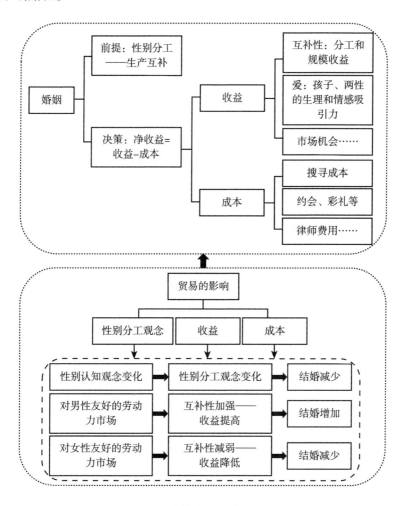

图 2 - 1　婚姻决策的经济学理论分析框架

---

① 从另一个角度来看，如果女性要选择结婚，则意味着其需要放弃相对更高的市场收入，即女性市场收入的增加会导致其结婚的机会成本上升。

2.2　生育选择的理论基础分析

2.2.1　生育选择的影响因素研究

对生育选择的研究早期多集中于社会学领域。对于微观生育理论（庄渝霞，2009；吴帆，2020），社会行动理论和社会生态学理论认为，个体行为受其所处社会环境的影响（Weber，1978；Bronfenbrenner，1979）。后来一些学者关注到社会网络对生育意愿的影响（Bühler and Fratczak，2005；Philipov et al.，2006），他们把社会学习、社会压力、社会濡染、社会支持等社会网络机制作为理解生育意愿与生育选择之间关系的关键因素。社会心理学主要关注到社会心理因素对生育意愿与生育选择的影响，并发展出三个理论：计划行为理论①、动机序列理论②和接合行动理论③。生物人口学认为个体生育选择是基因控制下的生物学过程，生育动机和结果都是遗传因素的作用结果（Rodgers et al.，2001），遗传因素会通过潜意识影响生育意愿和生育决策（Foster，2000），基因与生育意愿的关系可以表示为"基因→期望→意愿"。

贝克尔（Becker，1960）最早阐述了生育选择的经济学理论。他将孩子视为同汽车和房子一样的耐用消费品，个体生育决策是由预算约束下效用最大化决定的。一方面，收入（家庭收入）和"价格"（可采用单

---

① 生育是一种有计划的行为，生育意愿取决于生育态度、主观规范和行为知觉控制这三个基本因素（Ajzen and Klobas，2013）。

② 动机序列理论强调性格对生育意愿和生育行为的影响，该模型把生育意愿看作一个复杂决策过程，生育是一系列因素递次转换的结果（Miller and Pasta，1993）。

③ 该理论基于社会心理学和大脑神经系统特质，从个体的心理结构与宏观结构性因素互动的角度来分析生育行为，认为生育行为是由特定社会环境与图式（schemas）之间相互作用的结果。图式是人类大脑用来代表周围世界和处理信息的心理结构（Johnsen-Hanks et al.，2014）。

个孩子的花费来衡量）的相对变化影响着家庭预算约束；另一方面，效用不仅来自孩子的数量，也来自孩子的质量，且二者之间存在着权衡关系（Doepke，2015）。对于观测到的家庭收入和生育率之间的负向关系，可以这样解释：市场工资提升引发的收入增加具有两方面的效应，一是收入效应，家庭收入增长可能会带来更高的生育率，但也会强化质量偏好使得生育下降，因此收入效应的大小（正负）是不确定的，取决于孩子数量—质量的权衡（trade-off）；二是替代效应，市场工资提高通常意味着孩子的"价格"上升，使得养育成本（住房、教育等直接支出）和生育的机会成本（为了生育而放弃的劳动力市场机会）同时提高，这会降低生育水平（Mincer，1963；Becker，1965）。[①] 此后，越来越多的学者对生育决策的经济学理论进行了发展和完善（Willis，1973；Becker and Tomes，1976）。

在实证分析中，大量研究考察了影响家庭收入和生养成本的各种因素对生育率的影响。宏观层面主要考察了经济发展水平、生育政策、贸易、收入水平、教育水平等因素的影响。巴罗和贝克尔（Barro and Becker，1989）、琼斯和泰尔特（Jones and Tertilt，2008）、加洛尔和威尔（Galor and Weil，1999；Galor and Weil，2000）等均指出经济增长、人力资本积累等因素是影响一国总和生育率的重要因素。加洛尔和威尔（Galor and Weil，1993）检验了生育和发展之间的关系。他们建立了一个家庭生育决策的理论模型，研究了资本积累、相对工资和生育率的关系，指出，家庭中男性和女性的相对工资水平是决定家庭育儿个数的关键因素，女性相对工资提升会提高其相对生育成本（相比于提高家庭总收入），最终使得生育率下降。德赫贾和穆尼（Dehejia and Lleras-Muney，2004）考察了经济周期对生育率的影响，指出女性在经济衰退期更不愿意生育。在中

---

① 明瑟（Mincer，1963），贝克尔（Becker，1965）将养育时间纳入了生产函数，在他们构建的这类模型中，孩子的成本还包含父母的工资损失，即为了照顾孩子导致的收入损失，模型结果表明工资提高会导致收入增加和生育率下降。

国，人口政策、生育政策是影响生育水平的重要因素。麦克尔罗伊和杨（McElroy and Yang，2000）基于威利斯（Willis，1973）的理论模型首次实证检验了人口政策对生育率的影响。他指出，1949 年后的 20 年里，中国女性的平均生育数量超过 6 个孩子；1970 年开始转折，到 1980 年，这一数字下降至 2.75；自 1992 年开始，一直保持在 2 个孩子以下。这一转型不仅由于巨大的经济社会变迁，也因为中国特殊的人口政策。严厉的超生惩罚极大地降低了农村地区的生育率，中国的人口控制确实有效限制了生育选择。都阳（2005）对 1978～1998 年中国计划生育政策的影响进行了考察，指出计划生育政策在 1989 年之前显著促进了生育率的下降，但在 1990 年之后的作用基本消失。严格的计划生育政策以及快速的社会经济发展导致了中国的生育率下降。

贸易的福利效应及其对不同群体的福利的差异化影响是贸易影响生育水平的重要渠道。舒尔茨（Schultz，1985）利用 1860～1910 年瑞典县级层面数据，考察了女性时间价值对生育的影响。他认为乳制品的生产是妇女的工作，而谷物和林产品的生产则主要由男性承担。19 世纪末期乳制品价格的上涨（相对于其他价格）增加了女性时间的相对市场价值，进而导致了生育率在统计上和经济上都显著下降。熊永莲和谢建国（2016）考察了贸易开放对中国省级层面生育率的影响。结果发现，贸易开放会促使生育率下降，其主要原因在于贸易开放增加了女性就业、提高了女性收入、提高了女性经济社会地位，从而降低了其生育需求。教育的发展也深刻影响着生育水平。拉夫利和弗里德曼（Lavely and Freedman，1990）指出，个体受教育水平的提升、城镇化的快速发展是导致 21 世纪初中国生育率下降的重要因素。德雷兹和穆尔蒂（Drèze and Murthi，2000）探讨了 1981～1991 年印度地区层面总生育率下降的影响因素。结果发现，女性识字率对生育率有显著的负向影响，男孩偏好和生育率正相关。

除了上述因素以外，职业中断、福利政策、电视网络普及等也会对生育率产生影响。博诺等（Del Bono et al.，2012）指出，职业中断会导致白领女性的平均生育率在短期和长期下降5%~10%。莫菲特（Moffitt，1998）提出福利也会影响生育，家庭可以用这些额外收入生育更多的孩子。甚至有学者提出电视也会对女性生育率造成影响。费拉拉等（La Ferrara et al.，2012）利用1970~1991年巴西的人口普查数据发现，生活在全球信号覆盖地区的女性的生育率明显较低，且这种效应对于社会经济地位较低的女性更为显著。

微观层面主要分析了家庭收入、女性经济社会地位、女性受教育水平等因素对生育选择的影响。众多研究表明生育率与丈夫收入正相关、与女性收入负相关，女性经济社会地位的提高会导致生育率下降。布莱克等（Black et al.，2013）利用20世纪末美国数据证实了贝克尔（Becker，1960）的观点——"孩子是正常品（消费与收入正相关）"，即生育率与男性的收入正相关，丈夫的收入越高，孩子的数量越多。为了更好地识别因果效应，布莱克等（Black et al.，2013）还考察了20世纪70年代煤炭繁荣时期阿巴拉契亚煤矿县经济活动大幅增长对生育的影响，这次冲击极大地提高了男性工资，使其终生收入显著增加，这导致了生育率提高，证实了生育率与男性工资正相关。林多（Lindo，2010）利用丈夫的工作转换作为准自然实验，采用DID估计了丈夫工作转换造成的长期的巨大收入冲击对女性生育率的影响，分析了家庭收入和生育率之间的因果关系。结果表明收入冲击显著降低了总生育率，意味着家庭收入和生育率呈正相关关系。赫克曼和沃克（Heckman and Walker，1990）基于瑞典历史生育数据，利用半参数多状态持续时间模型（semiparametric multistate duration model）对瑞士的生育问题进行了评估，结果表明女性工资水平提升会导致怀孕时间推迟，生育数量减少，男性更高的收入水平则会提高总生育水平。梅里根和皮埃尔（Merrigan and Pierre，1998）采用加拿大的数据、以相同的方法得到了相似的结论。哈图宁和凯洛昆普（Huttunen and Kellokumpu，2016）使用芬兰纵向雇主—雇员数据并匹配出生证明数据，利用1991年工厂倒闭作为外生冲击、通过比较受工厂倒闭影响的家庭和不受影响的家庭的生育率，估计了男性和女性工作转换（Job Displacement）对生育率的影响。结果发现，男性失业对家庭生育率的负向影响大于女性失业的影响；女性失业会降低其收入和就业，但只有受过高等教育的女性，失业会降低其生育率，即对于高收入女性，收入效应占主导，而对于低收入女性，替代效应占主导。

生育率与女性受教育水平负相关（Schultz，1997）。具体而言，教育会通过以下几个渠道降低生育率。第一，对于受过高等教育的女性而言，女性受教育水平提高会增加生育和抚养孩子的机会成本（Becker，1981）；第二，教育有助于提高儿童健康水平、降低儿童死亡率（Lam and Duryea，1999；Schultz，1994）；第三，女性受教育水平会通过增加知识、更有效的避孕措施、更强烈的女性生育自主权从而降低生育率。

还有一部分文献对儿童数量—素质权衡这一观点进行了论证。罗森茨韦格和沃尔平（Rosenzweig and Wolpin，1980）首次证实了生育的外生增加会降低儿童质量的假设。他们指出，由节育技术的外生改进带来的家庭规模减小（孩子数量下降）会提高印度儿童的教育水平。基于中国云南昆明的研究结果显示，生育数量增加会显著降低学校教育进度、预期的大学入学率、在校成绩和家庭所有孩子的健康状况，这意味着在中国儿童数量和儿童素质之间确实存在明显的权衡（Rosenzweig and Zhang，2009）。也有学者指出，生育和教育之间的关系与人力资本回报息息相关。贝克尔等（Becker et al.，2010）首次提出儿童数量—素质的权衡在人口转型之前就存在。他们利用19世纪中期普鲁士约330个县的观测值发现1849年的教育水平很好的预测了1880～1905年生育率的过渡情况，即1849年入学率较高的县的生育率下降幅度更大，证实了儿童数量—素质权衡的观点。来自中国安徽省的研究表明，当人力资本回报提高的时候，生育和教育之间呈反相关关系，即子女数量较少的家庭更有可能投资教育；当人力资本回报下降时，生育与教育之间的消极关系消失了，即生育选择会对人力资本回报的变化作出反应（Shiue，2017）。来自发展中国家的这些研究均支持了儿童数量—素质权衡的观点。

2.2.2 生育选择的经济学理论基础

社会学领域的学者们从社会环境、心理因素、基因遗传等角度对生育选择进行了解读。从经济学角度出发，贝克尔（Becker，1960）最早阐述了生育选择的经济学理论。他将孩子视为同汽车和房子一样的耐用消费品，认为生育决策是预算约束下效用最大化的结果，预算约束主要受家庭收入和孩子"价格"（生养成本，可采用单个孩子的花费来衡量）的相对变化的影响，效用则同时取决于孩子的数量和质量。这与早期人口学和社会学的相关研究不同的是：第一，他假设偏好是给定的，仅重点关注收入和"价格"的相对变化对生育率的影响；第二，他在生育选择中引入了数量与质量权衡（trade-off）的概念，这对于解释现实观测到的收入和生育率之间的负向关系具有重要作用。家庭收入和养育成本会对生育选择产生重要影响：孩子数量的低收入弹性和孩子质量的高收入弹性与其他耐用消费品相似，当家庭收入提高时，孩子质量的收入弹性（即每个孩子的支出）会提高，而数量弹性（即儿童数量）会下降，即使有家庭收入增长可能会强化质量偏好，使得孩子数量下降。贝克尔和刘易斯（Becker and Lewis，1973）对儿童数量和质量之间的权衡进行了着重分析。他们指出，孩子的数量和质量对家庭效用的影响不同，但二者均受到家庭预算的约束。采用单个孩子的花费来测度孩子质量，这意味着当孩子的质量提高时（单个孩子的花费更高），增加孩子数量的机会成本也更高了。贝克尔和托姆斯（Becker and Tomes，1976）进一步扩展了贝克尔 – 刘易斯模型（Becker and Lewis，1973）。在这个模型中，孩子质量不仅取决于父母的投入，还取决于禀赋，包括继承能力、对孩子的公共投资等。这使得低收入家庭也能支付得起孩子的质量。加入了禀赋这一因素之后，家庭收入和生育率之间会呈现出"U"形关系。威利斯（Willis，1973）从经济学理论角度出发，构建了一个生育选择的经济学模型，提出了生育需求理论。他指出，生育是一项经济活动，是一项消费、储蓄和投资决策，父母既是孩子的需求者也是供给者。同时父母不仅有生育需求，对孩子质量也有偏好，而生育选择则取决于生育需求和对孩子质量需求之间的平衡。综合上述研究，孩子的数量取决于：第一，正向的收入效应，即家庭收入提高时孩子数量会增加；第二，负向的收入效应，即家庭收入增加会强化对质量的偏好，使得孩子数量下降；第三，负向的替代效应，即孩子"价格"的上升会使得对其的"消费数量"减少（生育数量下降）。①

贸易主要通过劳动力市场产出以及生育观念影响个体生育决策。对男性友好的劳动力市场环境有助于提高男性的市场收入，从而提高家庭收入，收入的增加一方面会使得对孩子的"消费"增加，生育提高，但另一方面也会强化质量偏好，导致对孩子的"消费"下降，生育下降。对女性友好的劳动力市场环境提高了女性的市场收入，一方面提高了家庭收入，会通过收入效应影响生育选择，生育数量是否提升取决于对孩子质量的偏好程度，另一方面也会产生负向的替代效应，即女性收入提高使得生育的机会成本上升，从而对孩子的"消费"减少，生育下降。此外，贸易的繁荣有助于促进生育观念、养老观念等的变迁，传宗接代、养儿防老等传统生育观念和养老观念逐渐淡化，生育自由观念深入人心。图 2 - 2 展示了生育选择的经济学理论分析框架以及贸易对生育的潜在影响路径。

---

① 收入增长通常也意味着生育的机会成本、养育和教育成本的上涨，使得孩子的"价格"上升，从而生育数量下降。

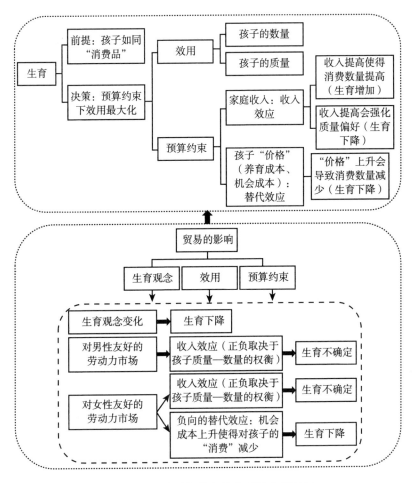

图 2-2 生育选择的经济学理论分析框架

2.3 贸易开放的劳动力市场产出效应与个体婚育选择

2.3.1 贸易开放的劳动力市场产出效应

（1）贸易规模扩张的经济效应

贸易的福利效应一直是国际贸易学领域的核心议题之一。宏观层面主要考察了贸易开放对总体就业以及收入水平的影响，微观层面主要涉及对企业生产率和绩效（生产者福利）、个体劳动力市场产出如就业和收入（消费者福利）等的影响。大量研究发现进口贸易自由化可能会对国内市场造成冲击，带来竞争效应，从而导致就业和收入下降，出口贸易自由化则会通过规模效应、产出效应等对本国劳动力市场产生正效应，从而促进就业和收入增长。伯纳德等（Bernard et al.，2006）、奥托尔等（Autor et al.，2013；Autor et al.，2014；Autor et al.，2016）对美国的研究表明（进口）贸易自由化会对本国劳动力市场产生负向冲击。雷文加等（Revenga et al.，1997）对墨西哥、巴尔斯维克等（Balsvik et al.，2015）对挪威、多诺索等（Donoso et al.，2015）对西班牙，多思等（Dauth et al.，2014）对德国，科瓦克（Kovak，2013）、卡内罗和科瓦克（Dix-Carneiro and Kovak，2017）、本古里亚和埃德林顿（Benguria and Ederington，2017）对巴西，戴觅等（Dai et al.，2021）对中国的证据也表明受（进口）贸易自由化影响更大的地区其就业和工资下降得更多，进口竞争冲击会造成工人工作机会流失、收入减少。

出口贸易开放则可有效促进就业、增进福利。盛斌和牛蕊（2009）基于1997~2006年中国工业面板数据考察了贸易开放对劳动力需求弹性的影响及其作用机制，指出，进口贸易自由化会对劳动力市场产生负向影响，出口贸易自由化会对劳动力市场产生正向影响，最终贸易开放的净效应是降低了劳动力的就业风险。俞会新和薛敬效（2002）对中国的研究表明出口开放度的扩大无论在地区还是产业层面都显著促进了就业的增长。梁平等（2008）基于1978~2004年中国省级层面的面板数据、刘军等（2016）基于2001~2013年中国省级层面的面板数据研究了贸易对就业的影响。结果显示出口贸易有效促进了就业增长、提升了地区就业率，但进口对国内就业无明显的影响。胡昭玲和刘旭（2007）利用1998~2003年中国32个工业行业的面板数据、毛日昇（2009）利用中国1999~2007年制造业面板数据考察了贸易开放对制造业就业的影响，结果表明出口对国内就业具有显著的促进作用，出口规模和出口开放度都会促进制造业劳动需求增长。也有研究表明出口和进口对就业的作用均为正效应，但出口的就业效应大于进口的就业效应（魏浩等，2013）。基于中国的研究表明扩大出口对于稳定和促进制造业就业，特别是劳动密集型制造业的就业仍然特别重要。

　　进一步地，考虑到性别差异，学者们区分了贸易开放对不同性别群体劳动力市场产出的影响，即对不同性别群体就业和收入的影响。于就业而言，贝克尔（Becker，1957）从理论上证实了贸易开放提高了女性的家庭地位与社会地位，这有助于降低劳动力市场的性别歧视，提高女性就业。来自发展中国家的经验证据也在实证上论证了贸易开放有助于提高发展中国家女性就业这一观点[①]。宏观层面上，特拉等（Terra et al.，2009）基于乌拉圭、巴斯曼（Bussmann，2009）对 134 个国家（地区）的研究、席艳乐等（2014）和席艳乐和陈小鸿（2014）对中国的研究表明总体贸易开放（贸易依存度）有助于提高女性就业。伍德（Wood，1991）、泰亚尼和米尔贝里（Tejani and Milberg，2016）基于跨国比较的经验研究结果显示（出口）贸易自由化增加了发展中国家女性的相对就业，但对发达国家女性就业的影响视各国情况而有所差异。泰勒斯等（Aguayo-Tellez et al.，2013）基于墨西哥的案例研究的结果表明（进口）贸易自由化增加了对女性劳动力的相对需求。进一步地，分行业的研究结果表明贸易自由化促进了发展中国家制造业部门和农业部门的女性就业以及发达国家服务业部门的女性就业（Wood，1991；Majumder and Begum，2000；Kabeer and Mahmud，2004；Nicita and Razzaz，2003）。微观企业层面上，奥兹勒（Ozler，2000）基于土耳其的研究、钱学锋和魏朝美（2014）和陈昊（2013）基于中国的研究均表明出口贸易自由化会

---

　　① 也有研究认为贸易开放会对女性劳动参与产生负效应。如冯其云和朱彤（2013）认为中国总体贸易开放（贸易依存度）会导致女性劳动参与率下降；加迪斯和皮埃特斯（Gaddis and Pieters，2017）认为巴西进口贸易自由化显著降低了男性和女性的劳动参与和就业率。

显著提升制造业企业女性劳动力就业水平。就工资而言，赫克歇尔—俄林理论（Heckcher-Ohlin）认为发展中国家在劳动密集型产品的生产上具有比较优势，贸易的扩张会带来对女性劳动力的需求增加、相对工资水平上升。贝克尔的"竞争抑制歧视理论"认为企业进行性别歧视是有成本的，贸易开放会导致市场竞争加剧，提高企业在劳动力市场的性别歧视行为的代价，从而减少歧视行为，使得女性就业和工资水平提升。布莱克和布雷纳德（Black and Brainerd，2004）利用美国制造业行业数据、泰勒斯等（Aguayo-Tellez et al.，2013）对墨西哥的研究结果从宏观上证实了（进口）贸易自由化会带来女性工资提升。微观层面上，朱恩等（Juhn et al.，2013）对墨西哥企业的研究结果表明（进口）贸易自由化显著增加了女性工人的就业和工资份额。刘斌和李磊（2012）对中国的研究结果表明，贸易开放（贸易开放度）的产出增长效应会带来男性与女性工资的普遍增加。也有研究发现进口竞争会加剧对女性劳动力的歧视，导致女性经济收入下降（Berik et al.，2004）。

此外，有研究表明贸易还具有教育促进效应。赫尔普曼等（Helpman et al.，2010）从微观企业层面的研究发现出口贸易规模增长会促使企业提高筛选门槛，雇佣更多的高学历劳动力，从而优化企业雇佣人员的学历构成，从微观上证实了出口贸易的教育提升效应。陈昊（2016）考察了出口贸易对不同学历群体就业的影响，结果发现，出口贸易规模扩张有效提升了中低学历群体的就业水平，但对高学历群体就业的影响十分有限。陈昊和陈小明（2016）从出口增长角度考察了对外开放的教育促进效应。他们指出，出口规模扩张迫使企业面临着更开放的国际市场，竞争压力的加剧会促使企业提高筛选门槛，更多地招聘高素质、高技能的高学历人才，进而促进个体进行人力资本投资、提高受教育水平。他们基于中国家庭收入调查数据的研究结果证实了出口贸易确实存在教育促进效应，会使得劳动力自主地延长受教育年限。

（2）出口技术结构优化的经济效应

大量学者探讨了出口商品技术含量提升对宏观经济增长的影响（洪世勤和刘厚俊，2013）。众多研究均认为出口技术结构优化能有效促进宏观经济的增长。基于初级产品和工业制成品的分类视角，莱文和劳特（Levin and Raut，1997）基于新古典经济增长理论的分析结果表明初级产品的出口对经济增长的拉动作用很小，工业制成品出口对经济增长的拉动作用十分明显。杨丹辉和侯民军（2003）认为工业制成品出口的高速增长与我国制造业国际分工地位和竞争力的提高相辅相成、相互促进（陈仲常和刘林鹏，2006）。易力等（2006）指出长期中工业制成品出口增加对经济增长具有稳定的促进作用，而短期表现不明显。王文平和王丽媛（2011）指出工业制成品出口与经济增长的关系一直显著为正。基于贸易品的技术密集程度的分类视角，沃茨（Wörz，2005）从技术溢出的角度对贸易品的技术密集度进行区分，指出高技术密集产品会产生更大的技术溢出效应，对经济的影响也更持久，能够在更大程度上促进本国经济增长（王永齐，2006）。基于测度方法的视角，豪斯曼等（Hausmann et al.，2007）构建了产品技术复杂度指标，指出生产和出口发达国家的产品会带来更快的经济增长。罗德里克（Rodrik，2006）、樊纲等（2006）、杜修立和王维国（2007）指出，中国出口商品的技术含量的提升能显著拉动经济增长。基于关志雄（2002）和拉尔（Lall，2000）的贸易结构分析法，苏振东和周玮庆（2009）构造了出口贸易结构指数，根据他们的研究，高附加值产品出口规模的扩大对中国经济的拉动作用明显大于低附加值产品（钟熙维和朱梦醒，2012）[1]。

---

① 巴尔多内等（Baldone et al.，2007）和阿斯切（Van Assche，2006）指出罗德里克（Rodrik，2006）和肖特（Schott，2008）之所以会得出中国拥有较高的出口技术结构是因为简单地采用出口流量来衡量出口技术结构，这导致无法区分外国附加值部分。阿米蒂和弗洛因德（Amiti and Freund，2010）的实证研究表明虽然1992～2005年中国出口商品的技术含量有显著的提高，但在剔除加工贸易后，却无证据表明中国的出口产品存在显著的技术进步（陈晓华等，2011）。

此外，出口产品技术含量提升会直接影响就业以及教育投资。喻美辞（2008）利用1996~2006年中国工业行业的面板数据估计了工业品进出口对工业行业总体就业的影响，结果表明，工业品出口能够有效促进就业。罗德里克（Rodrik，2006）和肖特（Schott，2008）的研究均指出，出口技术含量提升能有效增强产品的核心竞争力和国际影响力，推动出口规模扩大，进而使得对劳动力的需求增加。同时，制造业出口技术复杂度的提升促进了产品生产过程和生产方式的转变，从传统的手工生产转变成以知识、技术为基础的规模化、智能化的机器生产，生产过程和方式的复杂化使得对劳动力的需求逐渐向受过一定程度教育和培训的高技能群体转变，即是说出口技术复杂度的提升会使得产业对高端劳动力产生更多的需求，对低端劳动力的需求逐渐降低（Cross and Linehan，2006；陈晓华和刘慧，2015）。刘玉海和张默涵（2017）的研究指出，出口技术含量提高会对中国制造业就业技能结构产生显著的正向促进作用。关于出口技术含量提升的微观经济效应，现有研究主要考察了出口技术复杂度对企业绩效的影响，并未涉及对个体以及个体社会行为的影响。

（3）出口服务化的经济效应

万德梅韦和拉达（Vandermerwe and Rada，1988）最早提出制造业服务化（Servitization）的概念，他们认为制造业服务化是指制造业企业的角色由物品提供者向服务提供者转变，即制造业企业由传统生产制造为中心向服务投入和服务产出为中心的转型过程。怀特等（White et al.，1999）、雷斯金等（Reiskin et al.，1999）将制造业服务化的内涵进一步阐述为制造业服务化是通过服务要素的投入和供给，最终实现价值链中各利益相关者的价值增值。后来学者丰富和扩展了制造业服务化的内涵，将制造业服务化的含义归纳为：通过内部服务要素的投入和外部服务产品的供给，逐步实现制造业的转型升级（刘斌等，2016；刘斌和王乃嘉，2016；袁征宇等，2020）。制造业服务化可分为投入服务化和产出服务化两个角度，投入服务化指的是制造业中间投入逐渐由实物要素投入转向服务要素投入，产出服务化指的是制造业产出逐渐由实物类产品转向服务类产品，依托核心产品，逐渐将主营业务由制造类产品向服务型产品转型，从单纯销售产品转变为销售"产品 + 服务"的综合体系。

制造业出口服务化是指体现在制造业出口中的服务要素，服务通常与货物成为一体，在贸易的过程中间接地被作为货物的中间产品投入进行出口（WTO，2014）。随着经济的深化发展，越来越多的企业将业务重心从生产型制造转向服务型制造以提高企业国际竞争力，使得出口服务化成为实现全球价值链升级的关键（吕云龙和吕越，2017）。众多研究表明制造业服务化对于提高生产技术水平、提升国际竞争力具有重要作用（马盈盈和盛斌，2018；吕云龙和吕越，2017；梁敬东和霍景东，2017；Glasmeier and Howland，1993；江静等，2007），对于促进制造业转型升级、助推产业向价值链中高端位置攀升、提升国际分工地位也具有重要意义（刘斌等，2016；顾乃华和夏杰长，2010；刘志彪，2008）。

微观层面的研究主要集中于考察制造业服务化对企业生产率、生产成本、技术创新、企业绩效、企业加成、产品质量、出口二元边际等方面的影响。降低生产成本、促进技术创新等是制造业服务化提升企业生产率以及生产绩效的重要渠道。怀特等（White et al.，1999）、雷斯金等（Reiskin et al.，1999）、格罗斯曼和汉斯贝格（Grossman and Rossi-Hansberg，2010）等的研究表明，制造业（投入）服务化能够提高服务要素供给质量，从而降低企业生产及管理成本，促进企业生产率的提升。科恩等（Cohen et al.，2000）、内利（Neely，2007）实证分析了制造业产出服务化与企业经营绩效之间的关系，发现，服务产出较高的制造业企业比只提供实物产品的企业的利润更高。阿米蒂和魏尚进（Amiti and Wei，2009）研究发现，离岸服务外包是 20 世纪 90 年代美国制造业企业生产率提高的重要因素之一。邱爱莲等（2014）认为，生产性服务贸易可以通过产生规模经济效应促进企业的全要素生产率提升。麦克弗森

（Macpherson，2008）指出外部的服务投入尤其是技术服务投入可有效提高中小企业的创新绩效。刘维刚和倪红福（2018）基于中国数据的研究发现，现代服务业对企业技术进步有促进作用。制造业服务化对于促进产品升级，促进企业国际分工参与以及提高国际分工地位具有重要作用。万德梅韦和拉达（Vandermerwe and Rada，1988）、罗宾逊等（Robinson et al.，2002）、袁征宇等（2020）的研究认为创新性服务要素的投入提升了产品质量，增强了企业竞争力。刘斌等（2016）基于投入产出表、中国工业企业数据和中国海关进出口企业数据的研究发现制造业服务化提升了企业出口产品质量和技术复杂度，促进了企业产品升级。并且，制造业服务化促进了企业的价值链参与，提升了其在价值链体系中的分工地位。此外，还有学者考察了制造业服务化对企业加成率、企业出口国内附加值率（DVAR）、企业出口二元边际等的影响。秦光远等（2020）指出产出服务化相较于投入服务化更能促进我国制造业出口行业企业加成率的提高。许和连等（2017）发现中国制造业（投入）服务化与企业出口国内附加值率之间呈"U"形关系，制造业（投入）服务化对企业出口国内增加值率的影响存在一个门槛值，当服务化水平超过该值时，服务化水平的提高有助于促进企业出口国内附加值率的提升。刘斌和王乃嘉（2016）指出制造业（投入）服务化通过促进生产率、激励创新、规模经济等效应对企业出口二元边际产生影响。服务化过程加快了企业出口由量变到质变的进程。

（4）贸易开放的社会效应

近年来，贸易的社会效应逐渐被重视，越来越多的学者开始探索贸易开放对社会发展的更深层次的影响，涉及健康、政治等多个方面。莱文和罗斯曼（Levine and Rothman，2006）基于134个国家（地区）的横截面数据从宏观层面考察了贸易开放对儿童健康的影响，结果发现贸易开放有助于提高儿童健康水平，并且儿童健康水平的提升主要受益于贸易带来的经济增长。诺维尼翁和阿塔科拉（Novignon and Atakorah，2016）基于撒哈拉沙漠以南42个非洲国家1995～2013年的跨国数据的研究也证实了贸易开放对儿童健康水平的正效应。卡迪尔和马吉德（Qadir and Majeed，2018）对巴基斯坦1975～2016年的研究却发现，贸易开放会对健康水平产生负向影响，使得预期寿命缩短、婴儿死亡率提升。从出口贸易的角度来看，邦巴尔迪尼和李兵（Bombardini and Li，2020）利用中国地级市数据从较为宏观的维度探讨了出口对婴幼儿死亡率的影响，发现，出口冲击会降低婴幼儿死亡率，但出口引致的空气污染冲击显著地增加了婴幼儿死亡率，从而出口冲击可能会提高婴儿死亡率。胡梅尔斯等（Hummels et al.，2016）采用丹麦的工人——企业匹配数据从微观层面考察了外生出口增长对工人的影响。研究表明，出口增长增加了工人的工作小时数并减少了病假天数，增加了工人的受伤率，尤其是女性工人的生病率。刘铠豪等（2019，2021）基于中国健康与营养调查数据（CHNS）从微观层面探讨了出口规模扩张的健康成本，分别考察了出口冲击对成年人和儿童健康水平的影响。刘铠豪等（2019）发现，出口规模扩张会通过改善劳动力市场条件和公共服务的供给水平提高成年人健康水平，但同时也会引致空气污染加剧导致成年人发病率提高；刘铠豪等（2021）指出，出口规模扩张主要通过父母工资收入、营养摄入、公共服务的供给水平、留守儿童和环境质量五个路径影响儿童健康。最终，出口规模扩张会对成年人和儿童的健康均产生负效应。科兰托内等（Colantone et al.，2019）基于英国家庭面板数据（BHPS）提供的工人层面信息的研究结果表明出口活动增加减少了失业者患抑郁症的可能性，克罗泽等（Crozet et al.，2018）基于中国家庭追踪调查数据（CFPS）提供的个体层面信息，考察了中国城市出口规模扩张对个体幸福感的影响，结果也表明出口规模扩张有效提升了中国居民的主观幸福感。坎潘特等（Campante et al.，2019）从政治的角度考察了中国出口增长对国内社会的影响。前者指出中国出口增长有助于缓解对外开放程度较高地区的民族主义情绪，从而对中国民众的政治观念产生影响；后者发现中国近几年出口增速放缓带来了一系列政治经济效应，包括地方政府对失业和社会稳定的反应和地方官员的任免。从进口角度来看，进口贸易的社会效应主要集中在对"中国冲击（China shock）"的讨论，这一系列研究认为来自中国的进口竞争不仅会对劳动力市场产生冲击（Autor et al.，2013；Autor et al.，2014；Acemoglu et al.，2016；Pierce and Schott，2016），也会对健康（McManus and Schaur，2016；Colantone et al.，2019；Lang et al.，2019；Fan et al.，2020；雷权勇等，2022）、死亡（Pierce and Schott，2020）、政治选举（Che et al.，2016；Autor et al.，2020；Colantone and Stanig，2018）、犯罪（Dix-Carneiro et al.，2018）等产生影响。

2.3.2 贸易开放的劳动力市场产出效应与个体婚育选择

众多文献考察了贸易开放对国民福利诸如就业、工资等的影响（Erten et al.，2019；Kovak，2013；Hakobyan and McLaren，2016），但少有学者就贸易开放对一国居民婚育选择的影响进行研究，国内相关的研究更是少之又少。现有文献多从宏观层面上分析了贸易冲击对国家（地区）婚育情况的影响。奥托尔等（Autor et al.，2019）考察了国际制造业竞争加剧带来的大规模劳动力需求冲击对本国（美国）年轻男性与女性相对经济地位变化的影响及其对两性婚姻的影响。结果发现，贸易冲击降低了两性个体的就业和收入，且男性下降得更多。并且，贸易对男性和女性的经济冲击会对女性结婚产生一个相反的作用，即男性就业和收入下降会导致女性结婚减少、女性就业和收入下降会使其结婚增加，但就绝对值而言，后者的增幅是前者降幅的约 2/3，因而总体上贸易冲击会导致已婚女性份额降低。卡托斯等（Kis-Katos et al.，2018）利用印度尼西亚社会经济家庭调查数据和 UNCTAD-TRAINS 关税数据计算得到了印度尼西亚 259 个区域的面板数据，并利用该区域层面的面板数据考察了进口关税壁垒削减对国内女性劳动参与和结婚率的影响。他们指出，进口贸易自由化促进了女性劳动密集型部门的扩张，从而使女性获得更多的工作机会，提高了女性的劳动参与率，增加了女性工作时间的同时降低了其从事家务劳动的时间。进一步地，女性劳动力市场机会的增加降低了婚姻的相对回报，导致更多的女性选择推迟结婚，尤其是年轻个体，从而结婚率下降。布拉加（Braga，2018）在贝克尔（Becker，1960）的框架下，从理论上分析了贸易自由化影响婚姻和生育决策的渠道。利用巴西四次人口普查数据（1980年、1991年、2000年和2010年），将20世纪90年代巴西单方面降低关税这一事件作为准自然试验，采用双重差分法（difference in difference，DID）检验了贸易自由化对婚姻和生育决策的影响。通过比较受贸易自由化影响较大区域和较小区域在贸易自由化前后的产出变量的差异来捕捉贸易自由化的产出效应。结果表明，贸易自由化会抑制就业，且男性工人会受到更大的影响；贸易开放会降低生育率，且这种影响会持续近20年；经济冲击不会对结婚或同居决策产生显著影响。机制分析结果表明主要因为贸易开放降低了男性就业，即贸易自由化会产生显著的收入冲击进而使得生育率下降。森古普塔（Sengupta，2019）利用1981～2011年共四次印度人口普查数据构成的地区级面板数据（district-level panel data），考察了1991～1997年的贸易自由化对年轻女性（15～34岁）婚姻和生育的影响。结果发现，与关税下降幅度相对较小地区相比，关税下降幅度相对较大地区的结婚率增幅更大，尤其是城镇地区，生育率降幅更大，尤其是农村地区。即是有：贸易自由化（进口关税削减）会导致结婚率提高、生育率下降。具体而言，就业机会的增加可能会改善婚姻前景，使得结婚率提高，但生育率的下降表明，当经济前景改善时，家庭可能更加看重孩子的质量，从而生育减少。这与布拉加（Braga，2018）对巴西的研究的结果是相反的，布拉加（Braga，2018）认为贸易冲击会对年轻个体（20～35岁）的劳动力市场产出造成负向影响（进而导致生育下降）。阿努克里蒂和库姆勒（Anukriti and Kumler，

2019）基于印度地区级住户调查数据（the district-level household survey of India，DLHS），考察了 1991 年印度贸易自由化对农村地区各个阶层生育率、出生性别比等的影响。结果发现，对于社会经济地位较低的妇女，关税削减提高了生育率，提高了出生性别比和女孩的相对存活率。相反，在受到关税削减影响更大的经济社会地位较高的家庭中，关税削减会导致生育率下降、出生性别比和女孩的相对存活率恶化。即贸易自由化会使得低社会阶层女性提高生育率、高社会阶层女性降低生育率。熊永莲和谢建国（2016）基于加洛尔和威尔（Galor and Weil，1993）的家庭决策模型，使用 2001～2013 中国各省份的面板数据，侧重检验了贸易开放对宏观升级层面生育率的影响。研究结果表明，贸易开放使得劳动密集型产品出口增加，这极大地提高了女性就业，增加了其收入，使得女性经济、社会地位提高，进而提高了女性生育的机会成本，从而生育率下降。

上述文献在主题上与本书较为接近，均关注于贸易开放与婚育的相关问题，但这些研究多是偏宏观的研究。凯勒和尤塔尔（Keller and Utar，2022）基于个体层面数据对贸易冲击的影响的性别差异进行了研究。利用丹麦国家统计局 1999～2007 年出生、结婚、离婚人口登记数据以及劳动力市场统计数据，通过双重差分法（DID）实证检验了来自中国的进口竞争对个体结婚、生育、离婚行为的影响。结果发现，来自中国的进口竞争降低了丹麦劳动力市场就业机会，使得该地区人民更加偏好家庭，生育率、育儿假和结婚率均提高，离婚率下降。这种重家庭、重孩子的转变主要在于女性，进口竞争造成的收入负效应对女性尤其显著，会使其将重心转移至家庭。凯勒和尤塔尔（Keller and Utar，2022）对本书的研究具有重要的启发意义。琼泰拉等（Giuntella et al.，2022）利用德国社会经济委员会的微观个体数据（German socio-economic panel，SOEP），分析了在低生育、高收入的德国，全球化（进口和出口）对劳动力市场、生育和婚姻选择的影响。结果发现，出口增长和进口竞争会对生育产生相反的影响，来自东欧的进口竞争加剧会导致劳动力市场产出下降、生育降低，同时受益于出口增长的行业的工人有更好的就业前景和更高的生育率。全球化对婚姻没有显著影响。这些结果与强调收入效应作用的新古典生育模型一致：（进口竞争加剧导致的）劳动力市场产出下降会使得生育行为减少，（出口规模扩张带来的）劳动力市场产出提升有助于促进生育。凯勒和尤塔尔（Keller and Utar，2022）和琼泰拉等（Giuntella et al.，2022）的研究一致性体现在二者均是微观个体层面的研究，并且均认为来自外国的进口冲击会对本国劳动力市场产生负向影响；但二者的结论存在较大差异，前者认为劳动力市场产出下降会带来婚育提高，后者则认为劳动力市场产出下降会使得生育下降。与凯勒和尤塔尔（Keller and Utar，2022）、琼泰拉等（Giuntella et al.，2022）较为一致的是本书也是基于个体数据的微观层面的研究，但同时二者在具体研究对象、数据、识别方法、估计方法和结论等方面均存在显著差异。凯勒和尤塔尔（Keller and Utar，2022）以丹麦为研究对象，采用的是丹麦的人口登记数据，并利用双重差分法进行因果识别，再利用 Probit 模型估计了来自中国的进口竞争对丹麦家庭和劳动力市场的影响，指出进口冲击会产生较大的竞争效应，对女性收入的负效应尤其明显，会导致女性转向家庭，从而婚育均提高。琼泰拉等（Giuntella et al.，2022）以德国为研究对象，采用了德国的微观个体数据，同时考察了出口和进口对婚育的影响，结果发现全球化仅对生育产生影响，对婚姻没有显著影响。本书则以中国为研究对象，采用了中国家庭收入调查数据和人口普查的随机抽样调查数据，从个体劳动力市场产出以及社会观念变迁角度、利用 Logit 模型直接估计了中国出口贸易开放对本国居民婚育选择的影响，指出出口有助于提高劳动力市场产出、促进人力资本投资和推动婚育观念变迁，导致个体更加偏向职场，从而婚育下降。

与本书主题高度相关的另一支文献是对中国婚育情况的研究，主要是刘灿雷等（2022）和刘铠豪等（2022）。刘灿雷等（2022）基于1990年和2000年的人口普查1%随机抽样数据（IPUMS），考察了中国城市出口增长对女性结婚和生育表现的影响。利用地区间产业结构的差异（采用就业结构衡量），刻画了出口增长对不同地区（城市）劳动力市场需求的差异化影响，进而识别和检验出口增长通过劳动力市场（就业冲击）对女性结婚和生育表现的影响。研究结果表明，出口增长提高了城市 20 ～ 39 岁适婚女性中的单身比例，通过将出口增长引致的劳动力市场需求冲击分解为对女性和对男性的冲击后发现，出口增长会通过促进女性就业进而导致其推迟婚育，男性劳动力需求的变化对女性婚育无显著影响，其原因在于女性就业机会增长提高了其从事家庭活动的机会成本，从而降低了女性结婚和生育的激励。刘铠豪等（2022）基于 2002 ～ 2009 年国家统计局城镇住户调查数据（the urban household survey，UHS）和 2000 年人口普查 1% 抽样调查数据，利用各城市"入世"前产业结构的差异（采用就业结构衡量）以及各行业关税削减幅度的差异，构建了地区层面与地区劳动力市场相关的关税削减指标——城市层面的关税削减冲击、针对男性就业的关税削减冲击和针对女性就业的关税削减冲击三类指标，并用其考察了贸易自由化对女性婚姻状况的影响及作用机制。结果表明，加入世贸组织（WTO）带来的关税削减冲击会抑制女性的"婚姻形成"，导致未婚群体比重上升、已婚群体比重下降，并且该抑制作用源于针对男性就业的关税削减冲击，即关税削减冲击引致的男性工作回报率下降会导致女性结婚意愿下降。两项研究的相似之处在于：二者对于核心解释变量的构造方法采用了相同的思路——"地区劳动市场"的实证策略（Autor et al.，2019），将劳动力市场引入到贸易对婚姻和生育的影响当中来；二者均采用了差分模型进行实证估计；二者均认可对女性友好的劳动力市场、对男性不利的劳动力市场会抑制女性结婚和生育。当然，他们在研究主题、数据来源以及研究结论等方面也存在较大差异。①

---

① 刘灿雷等（2022）采用了 IPUMS 数据考察了出口增长对女性婚姻和生育表现的影响，刘铠豪等（2022）则基于 UHS 数据考察了进口关税削减对女性婚姻的影响。

本书与刘灿雷等（2022）的区别体现在：刘灿雷等（2022）考察了出口增长对城市女性婚育表现的影响。第一，他们的研究仅针对年轻女性（20～39岁），并未涉及对年长女性以及对男性群体的影响，本书进一步考察了出口贸易开放对处于法定劳动年龄的男性和女性的婚育选择的影响。第二，他们采用的人口普查的抽样调查数据（IPUMS）为微观个体层面数据，并在估计时计算了城市层面的未婚女性份额以及生育女性份额作为被解释变量，是属于中观地区层面的研究。本书则利用 CHIP 和 IPUMS 来分别考察婚姻和生育选择，以 CHIP 提供的个体婚姻状况和 IPUMS 提供的个体生育状况作为被解释变量，从个体层面直观考察了出口贸易开放对个体婚姻和生育决策的影响，从微观个体角度对二者的关系进行了深度剖析。第三，他们采用了差分模型进行估计，本书则采用了 Logit 模型进行直接估计。第四，他们采用了"地区劳动市场"的实证策略，着重分析了出口引致的劳动力市场需求变化对女性婚育选择的影响。本书则系统地考察了出口贸易开放的各个层面——出口规模增长、出口技术结构优化、出口服务化深入对个体婚育表现的全面影响，并利用数据检验了出口贸易开放会通过影响个体劳动产出（就业和收入等）、教育和观念等进而影响其婚育选择，在研究内容和影响机制上都更加全面。第五，他们的研究结论认为出口引致的男性就业提升对女性婚育选择没有显著影响，本书的研究结果表明出口贸易开放引致的男性就业增长会显著影响个体婚育决策。

本书与刘铠豪等（2022）的区别体现在：刘铠豪等（2022）考察了进口关税削减对城市女性婚姻形成的影响。第一，进口关税削减意味着进口贸易自由化程度加深，即他们的研究更加看重进口贸易自由化的影响，而本书则重点关注了出口贸易开放的影响。第二，他们以女性群体的婚姻形成为研究对象，不涉及生育问题以及对男性的影响。但显然，婚姻的形成以及生育的选择是男性和女性共同作用的结果，并且贸易的经济社会效应会对两性个体均产生影响，甚至是差异化影响，从而对个体婚姻和生育决策产生不同影响。因此，本书更加全面地考察了贸易开放对两性个体婚姻形成和生育选择的影响。第三，他们采用了微观层面的城镇住户调查数据，并将其加总至城市后进行分析，属于中观层面的研究。本书直接采用微观个体层面数据进行实证分析，属于微观层面的研究。第四，他们选用了差分模型进行实证分析，本书基于个体婚育选择的统计特征采用了 Logit 模型进行估计。第五，他们基于"地区劳动市场"的实证策略，构造了与地区劳动力市场相关的关税削减指标，用以分析关税削减引致的劳动力市场变化对女性婚姻的影响。本书则是先直接估计了出口贸易开放（出口规模扩张、出口技术含量提升、出口服务化深入）对个体婚育决策的影响，再探寻贸易开放引致个体婚育选择变化的渠道，结果发现贸易的劳动力市场产出效应（就业、收入等）以及社会效应（婚姻观念、生育观念等）均会对个体婚育决策产生影响。

㉔ 出口贸易开放影响个体婚育选择的机制分析

结合上述分析，本节就出口贸易开放影响个体婚育决策的潜在路径进行梳理，总体而言，本书认为出口贸易开放会通过劳动力市场产出效应（就业和收入等）、教育以及婚育观念进而影响婚姻形成和生育决策。具体地，我们将分别分析出口规模扩张、出口技术结构优化和出口服务化加深对个体婚姻形成和个体生育决策的影响路径。

2.4.1 出口规模扩张与个体婚育选择

首先，出口规模扩张促进了就业增长，提高了个体收入，尤其对于女性劳动力，进而影响个体婚育决策。出口规模扩张带动了国内经济发展、促进了产业体系完善，提供了众多就业机会，提高了个体就业以及收入水平。生产分工的深化和细化也衍生出了更多诸如行政、管理、客服等更加适合女性的服务型工作岗位，使得大量女性获得就业机会，从而获得收入，经济实力显著提升。个体经济社会境况的改善会显著影响其婚育决策。就婚姻而言，出口规模扩张引致的女性经济实力提升可能会提高婚姻的成本、降低婚姻的收益，从而使得结婚行为减少。一方面，就业以及收入境况的普遍改善可能会使得恋爱约会、彩礼、婚房等支出水涨船高，直接提高了婚姻的成本，并且，女性经济实力相对于男性提升较多意味着男性收入增长相对不足，这进一步削弱了男性对于房车、彩礼等结婚成本的相对支付能力，导致其结婚意愿以及结婚能力均下降；女性收入水平的提升也提高了女性结婚的机会成本，降低了婚姻的相对回报，同时也提高了其经济独立性，促进了其对自我价值的追寻，使得婚姻的必要性有所下降。另一方面，女性就业及收入的提升会使得婚姻收益的重要来源——基于性别差异的男主外女主内的分工模式带来的互补性收益下降，从而阻碍了婚姻形成。婚姻成本的上涨、收益的下降最终使得结婚行为减少。就生育而言，出口规模扩张引致的就业及收入境况改善会通过影响孩子的"价格"和家庭收入等进而影响生育。具体而言，一方面，就业及收入的增长、女性就业及收入的增长会显著提高孩子的"价格"，包括随经济增长而水涨船高的住房、医疗、教育支出等养育、教育成本，以及随女性经济状况改善而提高的生育的机会成本。另一方面，家庭收入水平的提升虽有助于提高家庭的养育能力，但也可能会加重其对孩子的质量偏好，导致生育数量减少。生育、养育、教育成本等的上涨以及家庭质量偏好的强化都会使得生育减少。

其次，出口规模扩张促进了婚育观念的变迁，进而影响个体婚育选择。出口规模扩张有效推动了社会结构、生活方式以及家庭观念的变迁，人们更加看重个人体验，重视人生价值的实现以及自身生活质量的提升。出口贸易的发展也有力地促进了文化的交流与融合，婚育观念变得更加开放和多元化，对个体的选择更加包容。就婚姻而言，随着自由平等观念深入人心，男主外女主内的性别认知观念逐渐被摒弃，个体更加注重自我价值的追寻，对婚姻的需求下降；并且，随着生活水平的提升，人们越来越重视婚姻生活的精神构成和情感追求（王有智和彭飞，2003），对婚姻质量以及婚姻满意度的要求越来越高，为了共享生活资料而结合的情况越来越少。就生育而言，个体对于生育自由权的认知水平提升、对传宗接代和养儿防老等陈旧思想的摒弃，以及完善的社会保障制度带来的养老观念的变化等都会使得生育水平下降。

基于以上论述，提出如下假说。

假说 1a： 城市出口规模扩张会抑制个体婚育行为。

假说 1b： 城市出口规模扩张会通过促进就业和收入增长、改变婚育观念进而使得个体婚育减少。

2.4.2　出口结构升级与个体婚育选择

出口技术结构升级显著促进了个体受教育水平的提升，进而影响个体婚育选择。伴随着出口贸易的发展，出口技术结构持续优化，出口产品的技术含量不断提升，生产过程的复杂化极大地提高了对高技能劳动力的需求，促进了人力资本投资，使得个体受教育水平提升。一方面，受教育年限的增加直接延长了个体处于教育系统的时间，不仅推迟了个体婚育的时间节点，也缩短了其择偶窗口期，同时，教育的过程也改变并塑造了个体婚育观念，个体更加看重自我价值的实现，婚育观念也更加开放、自由和包容。另一方面，教育有助于提高潜在的经济实力，较高的受教育水平通常也代表着未来较强的经济潜力，女性较高的受教育水平可能会导致其婚育的机会成本上升、婚育意愿下降。即出口技术结构优化引致的受教育水平提升会通过推迟婚育节点、改变婚育观念、增强经济实力等渠道使得婚育推迟或减少。

基于上述理由，提出以下假说。

假说2a：城市出口技术结构优化会抑制个体婚育行为。

假说2b：城市出口技术结构优化会通过提高受教育水平进而使得个体婚育减少。

2.4.3　出口服务化与个体婚育选择

出口服务化水平提升显著促进了就业和收入增长，改善了个体经济境况，进而影响个体婚育选择。制造业出口服务化，从产出角度来看意味着产出从实物产品向服务产品转变，从投入角度来看意味着中间投入从实物向服务要素转变，出口服务化水平提升不仅有效推动了服务业发展，也加深了制造业和服务业的联系，促进了分工深化和产业结构转型升级。一方面，服务业的繁荣提供了大量的工作岗位，有效提升了个体就业水平，尤其对于女性劳动力；另一方面，服务化过程促进了生产专业化以及产业体系的完善，催生出了全新的生产业态，使得对劳动力的需求大幅增加，同时，企业及行业内部以及行业间的分工深化衍生出了较多的辅助性服务型岗位，使得对女性劳动力的需求增大，进而提升了女性就业水平。就业以及收入水平的提升会显著影响个体婚育选择。出口服务化引致的就业以及收入增长，尤其是女性就业和收入增长，会通过提高约会、彩礼、房车等直接成本以及女性结婚的机会成本、降低互补性收益进而阻碍婚姻形成；会通过提高养育和教育成本以及女性生育的机会成本、强化家庭对孩子质量的偏好等进而导致生育意愿下降、生育减少。

鉴于此，提出假说如下：

假说3a：城市出口服务化会抑制个体婚育行为；

假说3b：城市出口服务化会通过促进就业和收入提升进而使得个体婚育减少。

　　图2-3清晰展示了出口贸易开放对个体婚育选择的影响路径。即出口规模扩张会通过扩大市场规模、促进国际经济文化交流等促进个体就业和收入增长以及改变个体婚育观念，进而使得婚育水平下降。出口技术复杂度提升会通过提高技能门槛、提高教育的投资回报等促进个体受教育水平提升，进而使得婚育下降。出口服务化程度提高则会通过促进分工深化、推动服务业发展等进而提高个体就业和收入水平，尤其对于女性劳动力，从而使得婚育减少。

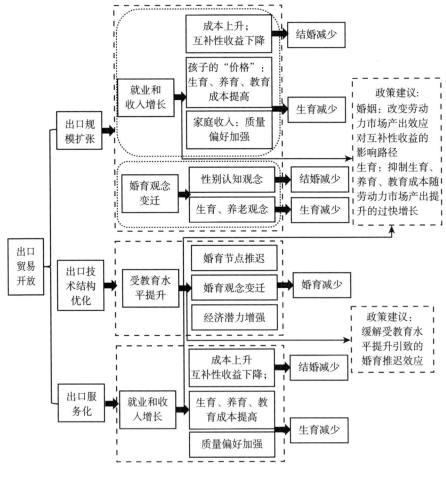

图 2-3　机制分析

(2.5) 小结

总体而言，本章做了两项工作：一是梳理了个体婚姻和生育选择的理论基础，二是基于劳动力市场产出视角探寻了出口贸易开放影响个体婚姻和生育选择的渠道和机制。

第一，本书梳理了个体婚姻和生育决策的理论基础。一是罗列了婚姻和生育的影响因素。这些文献从理论和实证上分析了影响个体婚姻形成和生育选择的直接因素，指出宏观层面的政策因素和经济发展水平以及微观层面的个体特征和经济状况是影响个体婚育决策的主要因素。这类文献详细探讨了以上因素影响个体婚姻和生育选择的内在机理，但却并未涉及引发收入、教育等发生变化的间接因素如贸易对个体婚姻和生育决策的影响，且并未涉及婚恋观念以及生育观念等社会文化因素的影响。二是探讨了个体婚姻和生育选择的经济学理论框架。指出婚姻的形成是基于成本—收益权衡后的最优决策，婚姻的成本主要包括搜寻成本、量化成本等，婚姻的收益则主要来自性别分工模式下的互补性收益。生育选择是基于预算约束下效用最大化的结果，预算约束受孩子的"价格"和家庭收入的影响，效用同时来自于孩子的数量和质量。

第二，基于劳动力市场产出视角，本书探寻了出口贸易开放影响个体婚姻和生育决策的渠道。一是探讨了贸易开放的劳动力市场产出效应及其对个体婚育选择的影响。贸易开放的经济效应一直是国际贸易领域的热点问题，因此，与该话题相关的理论和实证研究都非常地广泛且深入。这类研究为我们从经济学视角探寻贸易开放影响个体婚育表现的渠道（劳动力市场产出）提供了启发。贸易开放的社会效应是近年来才开始兴起的，主要关注于贸易开放对社会问题（身心健康、自杀和死亡等）乃至政治关系的影响，较少涉及对婚姻和生育的影响，出口技术结构变迁、出口服务化对婚育的影响的研究更是一片空白。① 因此，本书的研究是对贸易开放的社会效应的补充和完善。本书还梳理了贸易对婚育的影响，这与我们的主题更加接近。少有的来自微观层面的研究如凯勒和尤塔尔（Keller and Utar, 2022）为本书的研究提供了启发，但在数据选用、研究内容、估计方法等方面，二者均不一样。国内的研究则多为中宏观层面的研究，且是最近才开始的。前有熊永莲和谢建国（2016）考察了中国省级层面的贸易开放与人口出生率的关系，后有刘灿雷等（2022）、刘铠豪等（2022）基于中国的人口普查数据和调查数据从城市层面考察了贸易与婚育的关系。这些最新的文献对于本书的研究提供了莫大的助益，但他们的研究多从城市层面出发、仅以年轻女性为考察样本，且只考察了进出口规模的增长（出口规模扩张、进口关税削减）对婚育的影响，还未涉及出口技术含量提升、出口服务化等结构层面的变迁的影响。本书则采用个体调查数据和人口普查数据从微观层面出发考察了中国城市出口规模扩张、出口技术含量提升和出口服务化对处于法定劳动年龄段的所有个体的婚姻和生育选择的影响。因此，本书也是对这类研究的有益补充。

二是基于劳动力市场产出视角，探寻了出口贸易开放对个体婚姻和生育选择的影响机制。具体地，出口规模扩张会通过促进就业和收入增长以及改变婚育观念、出口技术结构升级会通过提高受教育水平、出口服务化会通过促进就业和收入增长进而影响婚姻的成本和收益，影响家庭收入和孩子的"价格"，最终作用于个体婚姻和生育决策。

---

① 关于出口技术含量提升的微观经济效应，现有研究主要考察了出口技术复杂度对企业绩效的影响，并未涉及对个体以及个体社会行为的影响。关于制造业出口服务化的微观经济效应，现有研究主要考察了制造业服务化对企业生产率、生产成本、技术创新、企业绩效、企业加成、产品质量、出口二元边际等方面的影响，也并未涉及对个体社会行为、个体婚育表现的影响。

第3章

数据来源与指标测算

本书主要使用了 CHIP、IPUMS，中国海关进出口数据、BACI 双边贸易流数据、GeoDist 双边距离数据、WDI、ICIO，《中国城市统计年鉴》、《中国统计年鉴》、CGSS。本章将对使用到的数据库进行详细说明。

3.1 中国家庭收入调查数据（CHIP）

3.1.1 数据来源及处理

本书主要采用了 CHIP 来测度个体婚姻决策相关变量。CHIP 数据由北京师范大学中国收入分配研究院进行调查整理，旨在追踪中国收入分配的动态演进，是中国最早的全国性微观家户调查数据之一。CHIP 数据的特点和优势在于：第一，国家统计局深度参与，权威性较强；第二，采用分层线性随机抽样的方法来获取样本，地区分布广泛、代表性强，并且地区的行政代码可获得（甚至能到县级层面）；第三，是中国最早的微观调查数据，时间跨度较长，适合对长期趋势的分析；第四，在指标上，CHIP 数据涵盖了个体和家庭的人口学特征、户籍、收支信息等，变量和指标十分全面。基于上述特征，本书将采用 CHIP 数据进行分析。CHIP 数据采用入户调查的方式收集了 1988 年、1995 年、1999 年、2002 年、2007 年、2008 年和 2013 年的个体（住户成员个人情况调查）及其所属家户（家庭情况调查）的信息。① 各年数据均包含对城镇和农村住户的调查（1999 年仅包含城镇住户调查），并且考虑到 21 世纪初中国大量农村人口向城镇迁移的现实背景，从 2002 年起还增加了对流动人口的调查，即 2002 年及以后的 CHIP 数据包含了三个子样本：城镇住户调查、农村住户调查和流动人口调查。表 3 - 1 展示了各个年份调查问卷类型的构成。进一步地，每种类型的调查问卷的内容又由两部分构成。第一部分是住户成员个人情况调查表（个体调查数据），询问了住户成员的个人信息，主要内容包括：个人基本特征（个体代码、与户主关系、性别、年龄、民族、婚姻状况、受教育水平等）、就业情况（就业单位性质、所属行业、失业等）、收入情况等。第二部分是家庭情况调查表（家户调查数据），调查了个体所属家户的相关信息。本书的分析主要基于住户成员个人情况调查表，即采用 CHIP 数据中的个体调查数据对所关注问题进行考察。就样本期间而言，关于个体婚姻状态的信息在 1988 年的调查并未涉及，因此本书主要使用了 1999 年、2002 年、2007 年、2008 年和 2013 年的 CHIP 个体调查数据。②

---

① 注：虽然 2018 年的 CHIP 数据已公开，但由于其他数据库仅到 2015 年，计量估计时，必须用同一年份的数据，所以笔者将数据统一使用时间到 2013 年。

② 在计算核心解释变量（城市出口规模扩张、城市出口技术复杂度、城市出口服务化水平）时需要使用中国海关进出口数据库，而本书能够获取的最早的海关数据年份为 1996 年，因此为了与核心解释变量的样本期间保持一致，本书仅使用了 1996 年以后的 CHIP 数据，即在实证中剔除了 1995 年的数据。

表 3 - 1　　　　　CHIP 数据调查问卷类型构成情况

类型	1999 年	2002 年	2007 年	2008 年	2013 年
城镇	√	√	√	√	√
农村	—	√	√	√	√
流动人口	—	√	√	√	√

为了保障数据的准确性，我们对 CHIP 数据做了以下处理。首先，根据各年的调查问卷表对数据进行预处理，主要包括给各个变量定义统一标签、修改变量名、生成年份、地区代码等。其次，统一各个年份个体的婚姻状况、与户主关系、性别、受教育水平、民族、个人收入等关键变量的含义，即对各变量在各年的赋值进行调整，使得各年份同一变量具有统一赋值，[①] 再将各年的数据合并。最后，剔除婚姻状况、年龄、受教育水平等关键变量缺失的样本，并且考虑到本书主要关注的是个体婚姻状况，我们仅保留法定婚龄以上个体样本进行研究，即仅采纳 22 岁及以上的男性样本和 20 岁及以上的女性样本。最终用于实证估计的样本在性别分布上较为均匀，女性占比 50.25%；平均年龄为 44.03 岁，处于初婚年龄段（37 岁以下男性和 35 岁以下女性）样本占比 30.92%，处于法定劳动年龄段（60 岁及以下男性和 55 岁及以下女性）样本占比 81.55%；平均受教育水平为初中，初中及以上学历个体占比 78.97%；农业户口样本居多，占比达 60.23%；以汉族人口为主，占比达 97.04%。

3.1.2　个体婚姻状况

利用 CHIP 提供的相关信息，我们对本书的被解释变量之一——个体婚姻状况进行测度。中国家庭收入调查数据对个体婚姻状况进行了十分详细的统计，我们首先对各年份个体的婚姻状况进行了统一，再将其婚

---

①　考虑到各个年份对同一变量的定义有较大差异，此处不再展示原始调查问卷中各变量的含义。备索。

姻状态定义为一个二分类变量：0 表示单身，1 表示已婚，前者包括未婚、未婚同居、离异和丧偶个体，后者包括已婚有伴侣和再婚个体，具体过程如表 3-2 所示。根据个体婚姻状况，我们利用 CHIP 数据计算了各年份已婚群体份额随时间的变化趋势，如图 3-1 所示。可见，城市已婚群体份额总体呈下降趋势。[1]

表 3-2　　　　　　　　　　　CHIP 数据个体婚姻状况统计

项目	1999 年	2002 年	2007 年	2008 年	2013 年	统一后含义	用于实证估计的二分类变量
婚姻状况	1 表示已婚 2 表示未婚 3 表示离婚 4 表示丧偶 5 表示其他	1 表示未婚 2 表示有配偶 3 表示离异 4 表示丧偶	1 表示未婚 2 表示已婚 3 表示再婚 4 表示离异 5 表示丧偶	1 表示已婚 2 表示再婚 3 表示同居 4 表示离异 5 表示丧偶 6 表示单身	同 2008 年	1 表示未婚 2 表示同居 3 表示已婚 4 表示离异 5 表示丧偶 6 表示再婚	0 表示单身 1 表示已婚

资料来源：笔者绘制。

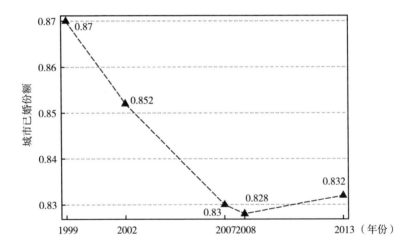

图 3-1　城市已婚份额随时间变化趋势

资料来源：笔者绘制。

---

[1]　考虑到 1999 年仅有城镇样本以及 2008 年是对 2007 年的补充调查（与 2007 年数据可构成面板数据），此处采用 CHIP 主线数据（2002 年、2007 年和 2013 年）重新作图，也发现城市已婚群体份额随时间呈现出明显下降趋势。备索。

3.2 中国人口普查数据（IPUMS）

3.2.1 数据来源及处理

个体生育表现数据来自 IPUMS 数据库。IPUMS 是明尼苏达大学社会研究和数据创新研究所（institute for social research and data innovation, ISRDI）的主要工作内容之一，它提供了世界各国跨时空整合的人口普查和调查数据。本书所使用的中国的人口普查数据主要来自其中的 IPUMS International 板块，IPUMS International 涵盖了世界上百个国家（地区），是世界上最大的个体层面的公开的人口普查数据集。我们从 IPUMS International 下载了中国 1990 年和 2000 年的人口普查 1% 随机抽样数据①（约 1000 万条观测值）。该数据库提供了个体性别、出生年份、民族、所在省市等基本的人口统计信息，以及有关于职业、行业、工作状况、教育等的详细信息，此外还包括婚育、迁移等相关数据，是目前所能够获得的包括个体婚育信息的最全面的微观个体层面数据。利用人口普查数据，可以获得包括个体生育表现在内的众多个体层面的变量信息。

我们对 IPUMS 数据进行了以下处理：第一，调整并更正城市行政代码。由于统计年份较早，很多地区的行政代码已变更，数据中的代码与现行的并不完全一致。我们结合城市名称和旧代码，调整并生成了新的城市代码和省份代码。第二，单变量调整。调整性别、年龄、民族、户籍、受教育程度、生育数量、婚姻状况等关键变量的赋值。第三，筛选样本。就业和收入状况会显著影响个体生育决策，退休通常意味着个体

---

① IPUMS 对于中国的人口普查数据有 1982 年、1990 年和 2000 年，1982 年份较为老旧，不予采纳。

退出劳动力市场，不再有家庭——事业抉择，因此我们不考虑退休个体。并且考虑到中国婚内生育的传统，[①] 我们仅保留法定婚龄以上的个体，即我们考察的样本为 20~55 岁女性个体和 22~60 岁男性个体。[②] 在处理后的样本中，男性占比 51.26%，平均年龄为 36.40 岁，处于育龄期（37 岁以下女性和 46 岁以下男性）样本占比 66.40%，平均受教育水平为小学，初中及以上学历个体占比仅为 17.09%，汉族人口占比达 95.38%。

3.2.2 个体生育状况

利用 IPUMS 数据，我们对本书关注的第二个核心被解释变量——个体生育状况进行刻画。IPUMS 数据提供了关于个体生育表现的多个维度的信息，利用这些信息可以获得生育数量、初育年龄、最后一胎年龄、婴儿存活率、男婴和女婴数量等众多变量指标。基准估计中我们利用个体生育数量指标生成了一个是否生育的二分类变量：0 表示未生育，1 表示已生育。根据个体生育状况，我们计算了 1990 年和 2000 年的已育份额，1990 年 18~55 岁女性个体和 20~60 岁男性个体中的已育个体份额为 77.91%，2000 年这一数值下降为 73.82%。

3.3 其他数据库

核心解释变量的测算主要用到了中国海关进出口数据、BACI 双边贸

[①] 中国非婚生子女占比大约不到 10%，因此，中国的生育问题首先是结婚问题（中国生育报告，2020）

[②] 有研究仅考察了育龄期个体，如凯勒和尤塔尔（Keller and Utar，2022），刘灿雷等（2022）。考虑到可能存在少许的高龄产子情况、人工授精技术等，本书将样本个体的年龄延迟到了退休年龄。同时，为了与现有研究保持一致，将在实证估计过程中采用育龄期个体样本进行稳健性检验。

易流数据、GeoDist 双边距离数据、WDI 和 ICIO。

中国海关数据库提供了中国企业从世界各国（地区）进口和出口到世界各国（地区）的每种 HS6 位数产品的贸易额和贸易量。利用该数据库提供的地区和产品代码可以获得城市—产品层面的出口情况。[①] 法国智库 CEPII[②] 成立于 1978 年，它通过对国际贸易、移民、宏观经济和金融等进行深入分析，并构建相关数据库，为政策制定提供参考。本书所用到的 BACI 双边贸易流数据和 GeoDist 双边距离数据均来源于此。BACI 数据库由 CEPII 根据联合国商品贸易数据库整理得到，涵盖了世界各个国家之间每种 HS6 位数产品层面的双边贸易流量，包括年份、HS6 位数产品编码、出口国、进口国、贸易额和贸易量等变量。GeoDist 双边距离数据库包括两个数据集——Geo 国家地理特征数据和 Dist 国家双边距离数据。本书主要用到了后者，该数据库采用多种度量方式计算了世界上大多数国家（地区）之间的双边距离，[③] 主要变量包括是否接壤、是否使用共同语言、是否存在殖民关系、双边简单（加权）距离等。WDI[④] 是由世界银行发布的统计出版物，选取 500 多项国家层面的指标来反映世界发展状况，主要包括国家、年份、发展指标等。其指标主要涉及以下几个方面：①人口：人口增长、劳动力参与程度、收入分配、医疗保健、受教育情况等；②资源能源：能源开发及消耗、水资源、海陆面积、农业发展等；③社会发展：人民富裕程度、新生儿预期寿命、文盲的比重等；④经济绩效：经济结构、经济增长、外债、资本流动、股票债券、港口建设、物流绩效等。制造业出口服务化水平的测

---

①　本书将所有年份的 HS6 位数编码都采用 HS1992 进行了统一。
②　CEPII 官网网站，网址：http：//www. cepii. fr/CEPII/en/bdd_modele/bdd_modele. asp。
③　Dist 国家双边距离数据是二元的，即国家－国家维度，测度的是国家对（Pairs of Countries）的距离，不涉及时间等其他因素。
④　世界银行官网网站，网址：https：//datatopics. worldbank. org/world-development-indicators/。

算主要使用了经合组织（OECD）的ICIO[1]，最新的2021年版本的ICIO表涵盖了66个国家和地区、45个行业（ISIC_Rev.4），时间跨度为1995～2018年。

我们还使用了《中国城市统计年鉴》以及《中国统计年鉴》来获得城市和省份水平的相关数据信息。这两个数据库均由国家统计局进行收录整理，分别统计了城市和省份层面的资源禀赋情况、经济和社会发展相关信息。利用以上数据库可获得城市、省份层面的各项经济社会发展指标。

此外，在实证分析过程中我们还用到了CGSS。CGSS是反映社会经济状况、人的行为及态度的数据。综合社会调查最早起源于美国，目前世界上40多个国家（地区）都有进行这一调查，如欧洲社会调查、德国综合社会调查（GGSS）、日本综合社会调查（JGSS）、韩国综合社会调查（KGSS）等。CGSS由中国人民大学中国调查与数据中心主导，联合各地的学术机构共同执行，定期、系统地监测中国城乡社会结构和人民生活质量之间的关系及其变化，从而总结社会变迁的长期趋势。中国综合社会调查起始于2003年，收集了社区、家庭、个人等多个层级的数据信息，是中国最早的全国性、综合性、连续性的大型社会调查项目。

(3.4) 小结

本章主要对使用到的数据库作了详细介绍，包括用于测算被解释变量的CHIP数据和IPUMS数据，用于计算核心解释变量的中国海关进出口数据、BACI双边贸易流数据、GeoDist双边距离数据、世界发展指标、国

---

① OECD (2021), OECD Inter-Country Input-Output Database, http://oe.cd/icio。

际投入产出数据，用于计算其他控制变量的《中国统计年鉴》和《中国城市统计年鉴》数据，以及用于影响机制分析的中国综合社会调查数据，主要介绍了上述数据库的来源、特征、变量和处理过程等，并利用 CHIP 数据和 IPUMS 数据对被解释变量进行了刻画和说明。

第4章

城市出口规模扩张对个体婚育选择的影响研究

4.1 实证检验策略

4.1.1 计量模型设定

本章考察城市出口规模扩张对个体结婚和生育选择的影响。被解释变量——个体婚姻状况和个体生育状况，分别来自 CHIP 和 IPUMS，均是微观个体层面的，核心解释变量——城市出口规模扩张是地区层面的，理论上个体层面的婚育状况是不会对地区层面的出口贸易开放产生直接影响的（陈维涛等，2014），这有效避免了逆向因果问题。参考易正容和孙楚仁（Yi and Sun，2021）的研究，直接采用离散选择的 Logit 模型进行估计，设定如下计量方程：

$$\ln\left[\frac{P(Y_{cti}=1\mid X_i)}{P(Y_{cti}=0\mid X_i)}\right]=\beta_0+\beta_1 \ln cityexop_{ct}+\gamma X+\mu_c+\gamma_t+\varepsilon_{cti} \quad (4-1)$$

其中，下标 c、t、i 分别代表城市、年份和个体。Y_{cti} 表示第 t 年城市 c 个体 i 的婚姻状况和生育状况。$\ln cityexop_{ct}$ 表示第 t 年城市 c 的出口规模扩张程度，采用外国对本国城市的进口需求（取对数）来测度，具体计算过程将在后文详述。X 为控制变量。μ_c 和 γ_t 分别表示城市固定效应[①]和年份固定效应。ε_{cti} 为误差项。

4.1.2 变量和指标

（1）被解释变量

个体婚姻状况（$maritalstatus_{cti}$）和个体生育状况（$child_{cti}$）是本书关注的核心被解释变量。前者采用个体是否有合法伴侣来衡量：0 表示单身、1 表示已婚，后者采用个体是否生育来衡量：0 表示未生育、1 表示已生育。关于个体婚姻状况和个体生育状况变量的说明在章节 3.1.2 和章节 3.2.2 中已有详述。

（2）核心解释变量：城市出口规模扩张（$\ln cityexop_{ct}$）

本书首先考察城市出口规模的扩张对个体婚育选择的影响。我们采用外国对本国城市的进口需求，即城市出口机会（Export Opportunity）来测度城市出口规模扩张（Crozet et al.，2018）。采用城市出口额测度出口规模扩张可能会存在遗漏变量（既影响个体婚育选择、又影响城市出口绩效的共同因素，如城市就业政策等）和反向因果（婚姻会直接影响生育，进而影响劳动力市场，最终作用于城市出口绩效）问题，从而无法准确估计城市出口规模扩张对个体婚育选择的影响。为此，本书采用外国进口需求来测度本国城市出口规模扩张程度。

---

① 考虑到 CHIP 数据和 IPUMS 数据均为混合截面数据，无法控制个体固定效应，因此本书对地区层面固定效应的控制仅到城市层面。下同。

为了计算城市出口规模扩张，我们首先测算国家（地区）d 第 t 年在产品 k 上的进口需求 M_{dkt}。根据艾伦等（Allen et al.，2020），国家 o 在第 t 年出口产品 k 到国家 d 的出口额 EX_{odkt} 受到两国当年在该产品上的贸易成本 Φ_{odkt}、国家 o 第 t 年在产品 k 上的供给能力 S_{okt} 以及国家 d 第 t 年在产品 k 上的进口需求 M_{dkt} 的影响，同时也受到其他各种随机冲击 Ξ_{odkt} 的影响，即：

$$EX_{odkt} = \Xi_{odkt}\Phi_{odkt}S_{okt}M_{dkt} \tag{4-2}$$

对上式两端取对数，我们有：

$$\ln EX_{odkt} = \ln\Phi_{odkt} + \ln S_{okt} + \ln M_{dkt} + \ln\Xi_{odkt} \tag{4-3}$$

根据现有文献的研究，两国第 t 年在该产品上的贸易成本 Φ_{odkt} 一般来说与两国距离 $dist_{od}$、是否接壤 $contig_{od}$、是否是共同语言 $lang_{od}$、是否是共同法律 law_{od}、是否签订区域或双边贸易协定 RTA_{od}、是否有共同殖民宗主国 col_{od}、关税 $tariff_{odkt}$ 等因素有关，也与国家 o、国家 d、产品 k、年份 t 的固定特征有关，因此我们假设有：

$$\ln\Phi_{odkt} = \beta_1\ln dist_{od} + \beta_2 contig_{od} + \beta_3 lang_{od} + \beta_4 law_{od} + \beta_5 RTA_{od} + \beta_6 col_{od}$$
$$+ \beta_7\ln tariff_{odkt} + \alpha_o + \chi_d + \delta_k + \eta_t + \mu_{odkt} \tag{4-4}$$

其中，μ_{odkt} 为影响两国贸易成本的其他随机因素，它与 $dist_{od}$、$contig_{od}$、$lang_{od}$、law_{od}、RTA_{od}、col_{od}、$tariff_{odkt}$ 无关。

国家 o 第 t 年在产品 k 上的供给能力 S_{okt} 一般来说与该国在该产品上的生产率、禀赋（包括资本、劳动力、能源、资源等）、产品发展程度（第一、第二、第三产业在国内生产总值中的占比 $indu_{o1t}$、$indu_{o2t}$ 和 $indu_{o3t}$）等有关，也与国家 o、产品 k、年份 t 的固定特征 ϕ_o、κ_k 和 t_t 有关。由于一国的资本、劳动力、能源、资源等数据难以获得，故用一国的人均实际国内生产总值 $perAGDP_{ot}$ 来代理生产率、禀赋（包括资本、劳动力、能源、资源等）等变量。因此我们假设有：

$$\ln S_{okt} = \gamma_0\ln perAGDP_{ot} + \gamma_1 indu_{o1t} + \gamma_2 indu_{o2t} + \phi_o + \kappa_k + t_t + \nu_{okt} \tag{4-5}$$

其中，ν_{okt} 为影响国家 o 第 t 年在产品 k 上的供给能力 S_{okt} 的其他随机因素，

它与 $perAGDP_{ot}$、$indu_{o1t}$、$indu_{o2t}$ 无关。

国家 d 第 t 年在产品 k 上的进口需求 M_{dkt} 一般来说与该国的人口 pop_{dt}、城市化水平 $urban_{dt}$ 以及国家 d、产品 k、年份 t 的固定特征 ϖ_d、κ_k 和 t_t 有关，即

$$\ln M_{dkt} = \lambda_1 \ln pop_{dt} + \lambda_2 urban_{dt} + \varpi_d + \kappa_k + t_t + \pi_{dkt} \qquad (4-6)$$

其中，π_{dkt} 为影响国家 d 第 t 年在产品 k 上的进口需求 M_{dkt} 的其他随机因素。

把式（4-4）、式（4-5）、式（4-6）代入式（4-3），我们有：

$$
\begin{aligned}
\ln EX_{odkt} = &\ \beta_1 \ln dist_{od} + \beta_2 contig_{od} + \beta_3 lang_{od} + \beta_4 law_{od} + \beta_5 RTA_{od} + \beta_6 col_{od} \\
&+ \beta_7 \ln tariff_{odkt} + \gamma_0 \ln perAGDP_{ot} + \gamma_1 indu_{o1t} + \gamma_2 indu_{o2t} \\
&+ \lambda_1 \ln pop_{dt} + \lambda_2 urban_{dt} + \sigma_o + \zeta_d + \tau_k + \upsilon_t + \varepsilon_{odkt} \qquad (4-7)
\end{aligned}
$$

其中，$\varepsilon_{odkt} = \mu_{odkt} + \nu_{okt} + \pi_{dkt} + \ln \Xi_{odkt}$，$\sigma_o$、$\zeta_d$、$\tau_k$、$\upsilon_t$ 分别吸收了国家 o、国家 d、产品 k、年份 t 的固定不变特征。

估计上述方程，我们可以得到所有系数，从而计算得到：①国家 o 第 t 年在产品 k 上的出口供给能力 S_{okt}。②国家 d 第 t 年在产品 k 上的进口需求 M_{dkt}。

利用上述计算所得的国家 d 第 t 年在产品 k 上的进口需求 M_{dkt} 计算本国第 t 年地区 c 的出口规模扩张程度 $cityexop_{ct}$。

$$cityexop_{ct} = \sum_{dk} \frac{exp_{cdkt_0}}{\sum_{dk} exp_{cdkt_0}} M_{dkt} \qquad (4-8)$$

其中，exp_{cdkt_0} 为第 t_0 年城市 c 出口产品 k（HS 2 位数产品）到国家 d 的出口额，$\sum_{dk} exp_{cdkt_0}$ 表示第 t_0 年城市 c 的总出口额，本书选取 1996 年为基年[①]，

---

① 本书之所以采用 1996 年作为基年来计算城市的初始出口结构，是因为在计算城市－产品－目的国维度贸易流的初始份额的过程中需要用到海关进出口数据，而作者能够获取的最早的海关数据的年份为 1996 年，这也使得后文实证分析中实际的样本期间为 1999 年、2002 年、2007 年、2008 年和 2013 年（没有 1995 年）。并且 1996 年刚好在样本初始年份（1999 年）的前 3 年，可以较好地反映样本开始前城市的初始出口结构。

即 $t_0 = 1996$。对上式中的 $cityexop_{ct}$ 取对数即可得到本章的核心解释变量。

同理，利用上述计算所得的国家 o 第 t 年在产品 k 上的出口供给能力 S_{okt} 计算第 t 年地区 c 的进口需求 $cityimpd_{ct}$。

$$cityimpd_{ct} = \sum_{ok} \frac{imp_{cokt_0}}{\sum_{ok} imp_{cokt_0}} S_{okt} \qquad (4-9)$$

其中，imp_{cokt_0} 为第 t_0 年城市 c 从国家 o 进口产品 k 的进口额，$\sum_{ok} imp_{cokt_0}$ 表示第 t_0 年城市 c 的总进口额，选取 1996 年为基年，早于样本初始年份，即 $t_0 = 1996$。对上式中的 $cityimpd_{ct}$ 取对数即可得到实证中重要的控制变量——城市进口增长。

参考克罗泽等（Crozet et al.，2018），我们根据上述步骤计算了个体所在城市面临的来自世界各国的外生进口需求（城市出口规模扩张）和世界各国对本国城市的出口供给（城市进口增长）。首先，处理并合并数据。我们先对 BACI 双边贸易流数据进行 HS2 位数产品层面的汇总，得到各年各国之间每种 HS2 位数产品的贸易数据，并利用国家数字代码和 ISO 代码对应表将国家的 ISO 代码匹入 BACI（以便于后文中与 Dist 国家双边距离数据匹配）。再以国家 ISO 3 位数代码和年份为关键词将 Dist 国家双边距离数据和世界发展指标（WDI）与 BACI 数据进行匹配，获得国家－年份－HS2 位数产品维度的贸易流数据。其次，利用上述整合数据，采用引力模型（式（4-7））进行估计，计算得到各年各国之间在每种 HS2 位数产品上的出口供给和进口需求。再次，计算城市出口规模扩张程度。保留出口国为中国的数据，获得各年各国在每种 HS2 位数产品上对中国的进口需求。再利用中国海关进出口数据库，获得基年（1996 年）中国每个城市每种 HS2 位数产品出口到世界各国的出口额，并计算该出口额占各城市总出口额的比重，用以表征中国各个城市初始的出口结构。合并包含了城市初始出口结构的中国海关进出口数据和包含了外国进口需求的 BACI 数据，以城市初始出口结构为权重将外国对本国的进口需求加总到城市（式（4-8）），得到中国各城市的出口规模扩张程度，我们将其视为城市面临的外生进口需求冲击，用以测度城市出口规模扩张程度。图4-1展示了1996~2015年中国各城市平均的出口规模扩张程度随时间的变化趋势，显然，这一趋势与同期中国经贸发展情况高度吻合，21世纪初期我国出口贸易高速发展，直至2008年全球性金融危机导致出口贸易受挫，为了减缓冲击、促进经济复苏，中国政府于年底出台了"四万亿元"经济刺激政策，从而出口贸易在2009年又有所恢复，但此后增速较慢。最后，计算城市进口增长。保留进口国为中国的数据，即获得各年各国在每种HS2位数产品上对中国的出口供给。再利用中国海关进出口数据库，计算基年（1996年）中国每个城市从每个国家进口每种产品的进口额占城市总进口额的比重，即各个城市的初始进口结构。合并上述两个数据，以城市的初始进口结构为权重将各国对中国的出口供给加总到城市（式（4-9）），获得中国各城市的进口增长，我们将其视为城市面临的外生的出口供给，用以测度城市进口增长程度。

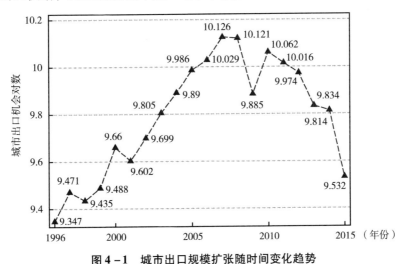

图4-1　城市出口规模扩张随时间变化趋势

资料来源：笔者根据式（4-8）的计算结果绘制。

根据标准引力模型，外国对本国的进口需求主要由外国的人口、消费水平等决定，并不依赖于本国经济（式（4-6））。进一步地，中国某地区的出口规模扩张程度取决于外贸伙伴对本国产品的进口需求以及该地区初始的出口结构（式（4-8））。因此，采用外国进口需求和本国地区初始出口结构计算的城市出口规模扩张有效反映了贸易伙伴的经济形势变化和产品需求变化对本地区出口的影响，外国进口需求增加在很大程度上意味着本国的出口也会增加。图4-2刻画了采用城市出口机会衡量的城市出口规模扩张程度与城市出口额之间的相关关系。[①] 可见，二者显著正相关，采用外国进口需求来衡量本国城市的出口规模扩张程度是可靠的，它反映了与当地经济，技术或社会变化无关的外部冲击对本地出口贸易的影响。

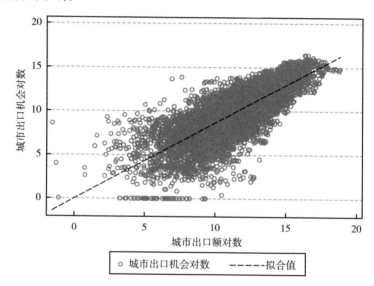

图4-2 城市出口规模扩张与城市出口额的相关关系

资料来源：笔者根据式（4-8）的计算结果和《中国城市统计年鉴》数据绘制。

（3）控制变量

为了准确地估计城市出口规模扩张对个体婚育选择的全面影响，我

---

① 所用的数据年份：1996~2015年。

们需要对以下两类因素进行控制。一是会直接影响被解释变量的其他因素，即除解释变量以外的其他可能会影响个体婚姻和生育表现的因素，对这类因素加以控制可有效减少被解释变量的未解释变异，从而提高估计精度。二是会通过解释变量影响被解释变量且并非解释变量的结果变量的因素，对这类因素加以控制可有效缓解遗漏变量偏误问题，最终得到城市出口规模扩张影响个体婚育选择的更加准确的估计值。根据这一规则，并结合数据的可获得性以及研究主题的现实要求，我们控制了微观个体层面、宏观城市（省份）层面的部分可观测变量。此外，我们还控制了城市和年份固定效应，以剔除不随时间变化的地区特征以及时间趋势项的影响。

为了获得城市出口规模扩张对个体婚姻形成的准确影响，我们控制了以下变量。个体层面主要包括：①年龄（age）及其平方项（agesq）。年龄会直接影响个体婚姻选择，处于一定年龄段的个体更有可能结婚（离婚或者丧偶）。同时，个体年龄也与其经济状况、社会经历、人生观念息息相关，会对个体婚姻选择造成影响。②性别（sex）。一方面，男性和女性寻找伴侣的标准、进行婚姻决策时所考虑的因素在主观上是不一样的，另一方面，就业需求、人口性别比以及性别角色等经济社会因素也使得男性和女性面临着差异化的劳动力市场和婚姻市场[1]。③民族（minority）。不同民族有其自身的婚恋观念和婚姻习俗，会影响个体婚姻决策。同时，相对于汉族，少数民族受婚育政策的影响更小。④户籍（surveytype）。本书所使用的 CHIP 数据主要包括了对城镇、农村和流动人口的调查。不仅生长环境的差异性造就了不同户籍个体其自身的婚姻观念的差异性，并且不同地理区位也使得其受出口贸易的影响存在差异。

---

[1]　在婚姻市场上，中国女性存在的"向上婚"偏好会造成部分受过高等教育、具有良好经济条件的女性和部分教育程度较低、经济条件较差的男性在婚姻市场上无法寻找到合适的对象，成为了主动或被动不婚的群体（吴要武和刘倩，2014；吴要武，2016；章逸然等，2015）。

⑤受教育水平（education）[1]。个体受教育年限决定了个体在教育系统内的时长，受教育年限越长则择偶窗口期越短，更有可能推迟结婚。同时，受教育水平决定了个体人力资本含量，与其收入水平挂钩，高学历个体平均而言更有可能是高收入个体。受教育程度还深刻影响并塑造着个体的文化、婚姻观念。众多研究均表明个体受教育水平提升会对其婚姻表现产生负向影响。当被解释变量是微观个体层面而核心解释变量是宏观城市层面时，对个体层面的因素进行控制能有效降低遗漏变量风险（铁瑛和何欢浪，2019）。个体层面控制变量均来自 CHIP 个体调查数据。宏观城市层面主要包括：①城市进口增长（lncityimpd），采用外国对本国的出口供给能力测度。其计算方法与本书核心解释变量之一——城市出口规模扩张类似，前面已有详述。②城市经济发展水平（lnpergdp），采用城市人均 GDP 测度，并取对数。宏观经济发展水平反映了该地区经济发展的规模和状态、速度和增长潜力。宏观经济状况不仅深刻影响个体婚姻决策，也会对地区出口贸易增长、出口结构变迁产生重要影响。③城市产业结构（indstr_employ），采用城市第三产业就业人数与第二产业就业人数之比来测度（干春晖等，2011）。用以反映城市不同产业发展态势以及城市用人需求结构。若该值较大，意味着城市产业结构朝着服务化方向发展，有助于营造一个对女性友好的劳动力市场环境。④城市就业水平（emprate），采用城市就业人口占总人口的比重测度[2]，用以反映城市总体就业状况以及经济的繁荣程度。就业水平较高通常意味着经济增长平稳，会给予个体较为乐观的心理预期，从而影响其社会行为。⑤城

---

[1] 利用 CHIP 数据考察出口贸易发展对个体婚姻选择的影响时并未控制个体收入水平，不仅因为收入是城市出口影响个体婚姻行为的重要渠道，如果控制了个体收入水平则相当于剔除了这一渠道，会导致结果有偏，并且个人收入水平与其受教育程度是高度正相关的，控制了个体受教育水平很大程度上也控制了收入的影响，更是因为 CHIP 个体调查数据中关于个体收入的信息缺失过多。

[2] 就业率＝就业人员/劳动人口（16 岁以上人口）。考虑到《中国城市统计年鉴》数据中关于城市劳动人口的数据缺失较多，所以我们采用了城市就业人数/城市总人口来近似测度城市就业水平。

市教育发展水平（*edulevel*），采用城市教育支出占比衡量，[①] 用以反映城市的人力资本投资力度以及对教育、人才的重视程度。城市教育支出提升助于直接提高个体受教育程度，同时，城市个体的平均受教育程度提升会通过创新以及技术进步影响城市出口贸易发展，再反作用于个体婚姻决策。⑥城市人口密度（*lnpopden*）。采用城市每平方公里的人数衡量，并取对数。城市人口密度是影响婚姻搜寻成本的重要因素之一，人口密度较高有利于降低搜寻成本，但同时也可能加剧选择困难。城市层面控制变量均来自于《中国城市统计年鉴》。宏观省份层面主要包括：①省份性别比（*sexratio_p*）。人口性别比失衡会提高女性在婚姻市场的议价能力，导致单身男女匹配受阻，可能会加剧结婚困难（章逸然等，2015；陈再华，1994）。②省份房价水平（*lnresidprice_p*）。采用省份住宅商品房的平均销售价格来衡量，并取对数，用以测度房价带来的经济压力对个体婚姻表现的影响。③省份居民消费价格指数（*cpi_p*）。用以测度物价水平变动等带来的生活成本的变化对个体婚姻表现的影响。④省份交通发展水平（*railway_p*）。采用各省份铁路营业里程来衡量，并取对数，用于测度交通通信等发展引起的人口流动等的变化对个体婚姻决策的影响。省份层面控制变量主要来自《中国统计年鉴》。

表 4 – 1 和表 4 – 2 基于 CHIP 数据分别展示了用于个体婚姻选择估计时需要用到的变量的含义及测算方式，以及变量的描述性统计特征。

表 4 – 1　　　　　　　　主要变量的含义及测算方式—CHIP

变量	含义
maritalstatus	婚姻状况：0 表示单身（单身、同居、离异和丧偶）；1 表示已婚（包括有伴侣和再婚）
yihunshare	城市已婚份额：城市已婚人数/总人数

---

① 王孝松等（2014）采用各地区平均受教育年限来测度人力资本，但考虑到本书样本期间城市小学教育人数、初中教育人数、高中教育人数和高等教育人数等变量的缺失情况较为严重，这里不采用该种测度方式。

续表

变量	含义
lncityexop	城市出口规模扩张对数
age	年龄
agesq	年龄的平方项
sex	性别：1 表示男；2 表示女
education	受教育水平：1 表示小学以下；2 表示小学；3 表示初中；4 表示高中（职高中技）；5 表示中专；6 表示大专；7 表示大学及以上
minority	民族：1 表示汉族；2 表示少数民族
surveytype	调查问卷类型：1 表示城镇；2 表示农村；3 表示流动
lncityimpd	城市进口增长对数
lnpergdp	城市经济发展水平：城市人均 gdp 对数
indstr_employ	城市产业结构：城市第三产业就业人数/第二产业就业人数
emprate	城市就业水平：城市就业人数/总人口
edulevel	城市教育发展水平：城市教育支出/政府支出
lnpopden	城市人口密度：城市每平方公里的人数对数
sexratio_p	省份性别比
lnresidprice_p	省份房价水平：住宅商品房的平均销售价格（元/平方米）对数
cpi_p	省份居民消费价格指数
railway_p	省份交通发展水平：铁路营业里程（万公里）
lnpop_p	省份人口总数：15 ~ 64 岁人口总数对数

资料来源：笔者统计整理。

表 4 - 2　　　　　　　　　　描述性统计—CHIP

变量	观测值	均值	标准差	最小值	最大值
maritalstatus	141221	0.84	0.37	0	1
yihunshare	141221	0.84	0.04	0.69	0.95
lncityexop	141221	12.61	0.46	9.10	13.98
age	139947	44.03	14.57	20	102
sex	141221	1.50	0.50	1	2
education	120101	3.46	1.51	1	7

变量	观测值	均值	标准差	最小值	最大值
minority	141129	1. 03	0. 17	1	2
surveytype	141221	1. 75	0. 61	1	3
lncityimpd	141221	8. 06	0. 57	4. 03	9. 68
lnpergdp	139580	10. 48	0. 87	8. 19	13. 05
indstr_employ	139580	1. 14	0. 61	0. 22	5. 31
emprate	139232	0. 21	0. 12	0. 03	0. 92
edulevel	139580	0. 18	0. 05	0. 05	0. 36
lnpopden	139580	6. 95	0. 73	4. 32	8. 57
sexratio_p	141221	103. 11	3	95. 07	110. 84
lnresidprice_p	141221	8. 05	0. 54	6. 81	9. 04
cpi_p	141221	103. 05	2. 60	96. 90	107
railway_p	141221	0. 29	0. 10	0. 09	0. 51
lnpop_p	141221	10. 69	0. 33	9. 67	11. 11

资料来源：笔者统计整理。

为了准确地估计城市出口规模扩张对个体生育选择的影响。我们控制了两类变量。一是个体特征变量。主要包括：①年龄（*age*）及其平方项（*agesq*）。年龄会直接影响个体生育决策，有研究表明年龄对妇女生育偏好的影响显而易见，但对男性没有影响（卿石松和丁金宏，2015）。并且生育偏好与年龄的关系是非线性的，对于女性来说，生育偏好向上增加的可能性随着年龄的增长而下降，随年龄的平方而提高（卿石松，2020）。同时不同年龄段个体的生育选择可能会受到城市出口规模扩张的差异化影响。②性别（*sex*）。生育的成本和收益对于夫妻双方明显不同，生育会直接影响女性的心理和生理状况，也会对女性职场表现产生负向影响，但对男性的影响较小。③民族（*minority*）。不同民族有其自身的婚育观念和习俗，会影响个体生育决策。且相对于汉族，少数民族个体受婚育政策的影响更小。④受教育水平（*edattain*）。采用个体受教育程度来测度。个体受教育年限决定了个体在教育系统内的时长，受教育年限越长则择偶窗口期越短，更有可能推迟结婚和生育。同时，受教育程度深刻影响并塑造着个体的婚育观念，并在很大程度上决定了个体的潜在经济实力。受过更多教育的妇女增加生育偏好的可能性较低，但受教育程度对男性生育偏好的变化没有显著影响（卿石松，2020）。同时教育水平也与节育知识挂钩。⑤就业状况（occ_emp）。IPUMS 数据提供了个体从事的具体职业和所属的具体行业，结合数据的缺失程度，我们利用个体是否有具体职业生成了个体是否就业这一变量。就业、收入水平的变动会对个体生育决策产生直接影响，并且，两性个体对出口贸易冲击的反应也大不相同（Keller and Utar，2022）。个体层面控制变量均来自于IPUMS 数据。二是城市层面因素。包括：①城市进口增长（lncityimpd），采用外国对本国城市的出口供给来测度，其计算方法与本书核心解释变量——城市出口规模扩张类似。用以控制外国对本国城市的出口冲击对本国居民生育选择造成的影响对结果的扰动。②城市经济发展水平（lnpergdp），采用城市人均 GDP 测度，并取对数。用以反映个体所在城市的宏观经济发展水平及其对个体生育决策的影响。③城市产业结构（indstr_employ），采用城市第三产业就业人数与第二产业就业人数之比来测度，用以反映城市劳动力需求结构以及该需求结构决定的与两性个体就业境况相关的劳动力市场结构。若该值较大，意味着城市服务业发展较快，这有利于女性劳动力的市场参与。城市经济发展水平和产业结构变量来自于《中国城市统计年鉴》①。④城市就业水平（occshare），IPUMS数据虽有统计个体是否就业，但缺失值较多，因此我们根据个体职业来判断其是否有工作，并计算有工作的群体的份额，用以反映城市总体就业状况以及经济运行情况。⑤城市教育发展水平（secshare），采用城市中受过初中及以上教育的个体的份额来测度，用以反映城市教育发展程

---

① 考虑到数据的可获得性，对于城市进口增长变量，我们采用 1996 年的数据代替 1990 年的数据。对于来自《中国城市统计年鉴》的城市经济发展水平和产业结构变量，我们采用 1994 年的数据来近似代替 1990 年的数据。

度以及城市人力资本水平。城市就业水平和教育发展水平变量由 IPUMS 数据计算得来。之所以采用 IPUMS 数据计算的就业水平和教育发展水平而非直接采用《中国城市统计年鉴》提供的数据，是因为 IPUMS 数据的样本期间仅为 1990 年和 2000 年，而《中国城市统计年鉴》提供的就业水平和教育发展水平这两个变量在这一时期是不够准确的[①]，并且缺失值较多。

表 4 - 3 和表 4 - 4 基于 IPUMS 数据分别展示了用于个体生育选择估计时需要用到的变量的含义及测算方式，以及变量的描述性统计特征。

表 4 - 3　　　　　　主要变量的含义及测算方式—IPUMS

变量	含义
child	生育状况：0 表示未生育；1 表示已生育
ln*cityexop*	城市出口规模扩张对数
age	年龄
agesq	年龄的平方项
sex	性别：1 表示男；2 表示女
edattain	受教育水平：1 表示小学以下；2 表示小学；3 表示中学（初中、高中、职高、中专等）；4 表示大专及以上
minority	民族：1 表示汉族；2 表示少数民族
occ_emp	就业状况：0 表示有具体职业；1 表示无具体职业
ln*cityimpd*	城市进口增长对数
ln*pergdp*	城市经济发展水平：城市人均 gdp 对数
indstr_employ	城市产业结构：城市第三产业就业人数/第二产业就业人数
occshare	城市就业水平：城市就业人口/总人口
secshare	城市教育发展水平：城市中学及以上学历人口/总人口
sexratio	城市性别比：男性样本量/女性样本量
fershare	城市育龄期个体份额：37 岁以下女性和 46 岁以下男性数量之和占总样本量的份额

资料来源：笔者统计整理。

---

①　可以发现，在对个体生育决策进行估计时，我们并没有控制省份层面变量，一是由于省份层面数据不可获得，即用于生育决策估计的 IPUMS 数据仅有 1990 年和 2000 年，而这一时期的省份变量难以获取；同时，我们认为这一时期的房价、物价、交通发展水平等较为稳定，不会对个体生育决策产生较大冲击。

表 4 - 4　　　　　　　　　描述性统计—IPUMS

变量	观测值	均值	标准差	最小值	最大值
child	10847270	0.75	0.43	0	1
lncityexop	10846104	12.98	0.92	6.07	16.26
age	10847270	36.40	10.33	20	60
sex	10847270	1.49	0.50	1	2
edattain	10847270	2.01	0.61	1	4
minority	10845599	1.05	0.21	1	2
occ_emp	10847270	0.89	0.31	0	1
lncityimpd	10808481	7.84	1.08	0.25	11.06
lnpergdp	10329086	9.12	0.74	7.42	11.80
indstr_employ	10329086	1.02	0.50	0.18	5.73
occshare	10847270	0.89	0.07	0.62	0.98
secshare	10847270	0.17	0.08	0.01	0.59
sexratio	10847270	1.05	0.07	0.87	1.52
fershare	10847270	0.66	0.05	0.52	0.90

资料来源：笔者统计整理。

4.2　实证结果分析

考虑到被解释变量——个体婚姻状况和生育状况变量分别来自 CHIP
数据库和 IPUMS 数据库，这两个数据库在样本期间、变量指标等方面提
供的变量信息并不一致，我们将分别展示估计结果。

4.2.1　基准估计结果

利用 CHIP 数据和 IPUMS 数据，我们分别计算了城市层面已婚个体份
额和已育个体份额，并以图形的方式直观刻画了其与城市出口规模扩张
的相关关系，如图 4 - 3 和图 4 - 4 所示。可以看出，城市已婚个体份额和

城市已育个体份额均与城市出口规模扩张呈负相关，初步论证了城市出口规模扩张可能会使得个体婚育表现不佳。

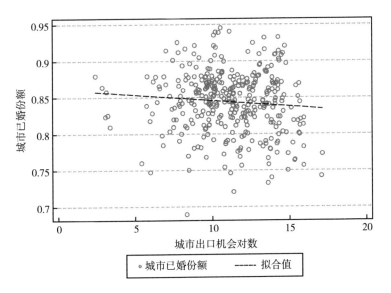

图 4 – 3　城市已婚个体份额与城市出口规模扩张的相关关系

资料来源：根据式（4 – 8）的计算结果和 CHIP 数据绘制。

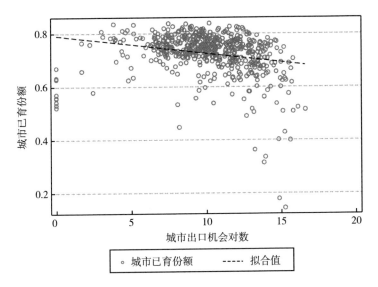

图 4 – 4　城市已育个体份额与城市出口规模扩张的相关关系

资料来源：根据式（4 – 8）的计算结果和 ZPUMS 数据绘制。

紧接着，我们利用数据实证检验了个体婚育选择与城市出口规模扩张的相关关系。首先，我们利用 CHIP 数据估计了城市出口规模扩张对个体婚姻状况的影响，结果见表 4 – 5。每一列都控制了城市和年份固定效应。第（1）列仅采用个体婚姻状况对城市出口规模扩张进行回归。第（2）列加入了个体层面控制变量：年龄、年龄的平方项、性别、民族、户籍、受教育水平，以排除个体固有特征和可变因素对其婚姻选择的影响，获得城市出口规模扩张影响个体婚姻形成的共同趋势。第（3）列再控制了个体所在城市的宏观经济变量：进口增长、经济发展水平、产业结构、就业水平、教育发展水平和人口密度，第（4）列继续加入了省份层面的控制变量：性别比、房价、消费物价指数和交通发展水平，以控制城市和省份宏观经济社会环境变化对个体结婚选择的影响。根据表 4 – 5，个体结婚行为和城市出口规模扩张负相关，表明随着城市出口规模扩张，个体选择结婚的概率下降。通过计算平均边际效应可得，城市出口规模扩张程度每增加 1 个单位，个体已婚的概率将减少 2.83%。

表 4 – 5 基准估计结果——个体婚姻选择

变量	(1)	(2)	(3)	(4)
lncityexop	– 0.157 ** (–2.38)	– 0.295 **** (–3.60)	– 0.307 **** (–3.63)	– 0.325 **** (–3.70)
age		0.552 **** (126.36)	0.551 **** (125.38)	0.551 **** (125.35)
agesq		– 0.00539 **** (–118.37)	– 0.00539 **** (–117.44)	– 0.00539 **** (–117.40)
sex		0.172 **** (8.76)	0.174 **** (8.77)	0.173 **** (8.75)
minority		– 0.0185 (–0.28)	– 0.0406 (–0.60)	– 0.0364 (–0.53)
surveytype		0.107 **** (6.38)	0.109 **** (6.48)	0.108 **** (6.43)
education		– 0.0275 **** (–3.60)	– 0.0283 **** (–3.67)	– 0.0284 **** (–3.67)

续表

变量	（1）	（2）	（3）	（4）
ln*cityimpd*			−0.0750 （−0.96）	−0.0435 （−0.55）
ln*pergdp*			−0.0544 （−0.42）	−0.129 （−0.95）
indstr_employ			0.212 **** （3.89）	0.246 **** （4.32）
emprate			0.335 （1.29）	0.464 （1.64）
edulevel			1.909 **** （3.68）	2.218 **** （4.00）
ln*popden*			−0.0177 （−0.29）	0.0414 （0.66）
sexratio_p				−0.00325 （−0.33）
ln*residprice_p*				0.264 （1.37）
cpi_p				0.0232 （0.62）
railway_p				3.205 **** （3.69）
_cons	4.405 **** （5.21）	−6.348 **** （−5.97）	−5.676 *** （−3.22）	−10.83 ** （−2.19）
城市固定效应	是	是	是	是
年份固定效应	是	是	是	是
观察值	141221	119614	117633	117633

注：括号内为 t 统计量，****、***、** 和 * 分别表示回归系数在0.1%、1%、5% 和10%的水平上显著。

其次，我们利用 IPUMS 数据估计了城市出口规模扩张对个体生育表现的影响，表4-6为估计结果。所有估计中均控制了城市和年份固定效应。同样地，为了估计结果的稳健性，我们采用逐步加入控制变量的方式进行回归。第（1）列仅采用个体是否生育对城市出口规模扩张进行回归。第（2）列基于 IPUMS 数据所能提供的微观个体信息加入了个体层面的控制变量：年龄、年龄的平方项、性别、民族、受教育水平和就业状况，第（3）列继续控制个体所在城市的宏观经济变量：进口增长、经济发展水平、产业结构、就业水平和教育发展水平。如表4-6所示，此处所关注的核心解释变量城市出口规模扩张的估计系数在所有回归中均显著为负。这表明，城市出口规模扩张会导致个体生育概率下降，选择生育的个体变少。

表4-6　　　　　　　基准估计结果——个体生育选择

变量	（1）	（2）	（3）
lncityexop	-0.0463 **** (-27.88)	-0.0313 **** (-16.92)	-0.00538 ** (-2.52)
age		0.733 **** (1204.57)	0.734 **** (1176.10)
agesq		-0.00885 **** (-1129.14)	-0.00887 **** (-1102.75)
sex		0.598 **** (343.06)	0.590 **** (330.71)
minority		0.103 **** (22.86)	0.101 **** (21.56)
edattain		-0.203 **** (-133.56)	-0.197 **** (-126.70)
occ_emp		0.196 **** (70.33)	0.190 **** (66.83)
lncityimpd			-0.0531 **** (-29.43)
lnpergdp			-0.0935 **** (-13.09)
indstr_employ			0.00770 * (1.72)
occshare			-0.430 **** (-11.46)
secshare			-2.227 **** (-45.36)
_cons	2.054 **** (87.73)	-12.43 **** (-429.89)	-10.64 **** (-128.92)

续表

变量	(1)	(2)	(3)
城市固定效应	是	是	是
年份固定效应	是	是	是
观察值	10846104	10844433	10297814

注：括号内为 t 统计量，****、***、** 和 * 分别表示回归系数在 0.1%、1%、5% 和 10% 的水平上显著。

根据表 4-5 和表 4-6，城市出口规模扩张会导致个体婚育概率下降，适龄群体中结婚和生育的人越来越少。假说 1a 成立。我们认为引致这一结果的重要因素在于出口规模扩张使得个体经济社会状况得到了改善，尤其是女性个体。出口规模扩大为个体提供了大量的就业机会，有效提高了个体劳动参与，女性劳动力也有机会走出家庭，参与市场活动，获得工资和收入，这极大地改善了两性个体的经济境况，尤其对于女性劳动力。经济实力的提升一方面提高了个体的婚育自主权，另一方面，对女性友好的劳动力市场也显著提高了其结婚的成本和生育的机会成本。出口规模扩张引致个体婚育表现不佳的另一重要原因还在于出口规模扩张有效促进了个体性别认知观念和婚育观念的变迁。出口规模扩张通过文化交流、教育等渠道促进了个体观念变迁，男主外女主内的传统观念逐渐遭到摒弃，年青一代更加推崇婚姻自由和生育自由。经济实力的提升和婚育观念的变迁最终使得两性个体结婚和生育意愿均下降。本书采用不同的数据和样本、不同的实证方法得到了与刘灿雷等（2022）、刘铠豪等（2022）相似的结论，即对女性友好的劳动力市场可能会抑制婚育，同时本书还提出观念的变迁也是改变个体婚育选择的重要渠道。具体影响机制将在后文进行详述。

4.2.2 稳健性检验

为了确保上述结果并非由特定的变量测度方式、样本选取或是估计方法所产生的，本节进行了以下稳健性分析。

首先，变换被解释变量。对于个体婚姻选择，我们利用个体婚姻状态获得城市层面的已婚个体份额用以代替原被解释变量对城市出口规模扩张进行回归，并且，考虑到适婚人口数量可能会对宏观层面已婚份额产生影响，我们在估计时额外控制了适婚人口数量（$lnpop\_p$，采用省份层面 15 ~ 64 岁人口数衡量，并取对数）。对于个体生育选择，我们先是考察了城市出口规模扩张对城市已育个体份额的影响，利用个体生育状态（是否生育）获得城市层面已育个体份额，以该份额代替原被解释变量对城市出口规模扩张进行回归，估计时控制了可能会影响宏观城市层面已育个体份额的城市育龄期个体份额（$fershare$，采用 IPUMS 数据中城市 37 岁以下女性数量和 46 岁以下男性数量之和占总样本量的份额来测度）和城市性别比（$sexratio$，采用 IPUMS 数据中男性样本和女性样本数量之比来测度）这两个变量。再者，我们考察城市出口规模扩张对个人初次生育时间的影响。在中国，总体来说选择丁克的家庭仍然较少，生育意愿下降可能更多地表现为推迟生育时间。因此，我们采用个体生育第一胎的年龄对城市出口规模扩张进行回归。

其次，改变解释变量的测度方式。我们直接采用城市出口额来测度城市出口规模扩张，即利用中国海关进出口数据库计算获得城市各年的出口额，并用其代替原解释变量进行回归。考虑到城市外资参与程度可能会对其出口情况产生影响，我们在估计时额外再控制了城市外资参与度（fdi_value，采用城市外商实际投资额衡量，并取对数）。

再次，变换估计样本。当考察城市出口规模扩张对于个体婚姻选择的影响时，我们做了以下工作：第一，剔除婚姻状态为离异、丧偶和再婚的样本，仅采用未婚和已婚（初婚）样本进行估计，即被解释变量的含义变为：0 表示单身（仅包括单身未婚），1 表示已婚（仅包括初婚）。

第二，仅保留处于初婚年龄阶段的个体样本，即 22～36 岁的男性个体和 20～34 岁的女性个体（孙炜红和谭远发，2015），考察城市出口规模扩张对处于初婚年龄阶段个体的婚姻决策的影响。第三，根据法定婚龄和法定退休年龄，仅考察出口规模扩张对 22～60 岁的男性个体和 20～55 岁的女性个体样本的影响（续继和黄娅娜，2018；尹志超和张诚，2019）。第四，剔除流动人口样本（刘灿雷等，2022），出口规模扩张会对劳动力市场产生积极影响，可能会引致人口流入，并对这部分群体的社会行为产生影响，考虑到这种情况，我们剔除了流动人口样本，以估计出口增长对本地区个体婚姻形成的影响。第五，采用 CHIP 主线数据[①]进行再估计，由于 CHIP1999 仅包括对城镇居民的调查，CHIP2008 是对 CHIP2007 的补充调查，我们剔除了这两年的样本后进行了再估计。第六，仅保留 2008 年之前的样本进行估计[②]，以剔除 2008 年金融危机以及为了应对金融危机冲击而出台的"四万亿元"经济刺激政策的影响。当考察城市出口规模扩张对于个体生育选择的影响时，我们做了以下工作：第一，仅采用育龄期个体样本进行估计，即仅保留 37 岁以下女性和 46 岁以下男性样本进行估计（Keller and Utar，2022）。通常认为生育能力和年龄息息相关，超过育龄期个体较难怀孕，并且不同年龄段妇女的生育意愿也不同。第二，仅保留已婚样本进行估计，在 20 世纪末 21 世纪初的中国，婚内生育仍然是传统[③]，因此我们利用已婚样本进行再分析。第三，仅保留夫妻双方均是初婚的样本，再婚个体更有可能已经超过育龄期，并且已经养育有小孩，这类群体的生育选择较少受经济因素的影响。第四，考虑计划

---

① CHIP 主线数据：1995 年、2002 年、2007 年和 2013 年调查问卷数据；CHIP 支线数据：1999 年和 2008 年补充调查问卷数据。此处剔除了 1999 年和 2008 年数据进行了再估计，即仅采用 2000 年、2007 年和 2013 年的数据。

② CHIP2008 是由 2009 年进行入户调查所得到的，此时金融危机已经产生了影响，因此也剔除了 2008 年的数据。

③ 《中华人民共和国民法典》（于 2021 年 1 月 1 日生效）规定非婚生子女享有与婚生子女同等的权利，这表明非婚生子在法律上已经被允许。但在本书的样本期间，婚内生育仍是主流。

生育政策的影响①，剔除 1982 年之前生育的个体样本，即剔除生育最后一孩的时间早于 1982 年的个体样本。中国于 1980 年全面启动"独生子女"政策，1982 年将计划生育作为基本国策写入了宪法。考虑到这一政策效应，我们剔除了 1982 年之前生育的样本。

最后，变换估计方法。第一，采用定序 Logit（Ologit）模型进行二次估计，通常认为未婚和已婚并不涉及排序问题，但从另一个角度来看，对于任何个体，其婚姻状态都必定是从未婚到已婚（或者一直未婚），已婚是比未婚更进一步的状态。同理，是否生育也是一个从"0"到"1"的过程。第二，采用 Probit 模型进行再估计。第三，采用差分估计（仅用于对城市出口规模扩张对个体生育选择影响的稳健性分析）。参考刘灿雷等（2022），利用 1990 年和 2000 年中国人口普查 1% 随机抽样数据计算各个城市在两个年度的已育个体份额，取其差值，作为被解释变量。核心解释变量采用各个城市 1990 年和 2000 年出口规模扩张程度的差值。同理，其他城市层面控制变量也采用各自在样本期间的变化量来测度。

表 4-7 展示了出口规模扩张对个体婚姻选择影响的稳健性检验结果。根据表 4-7，所有核心解释变量的估计系数均显著为负，表明个体结婚行为与城市出口规模扩张负相关，城市出口规模扩张显著降低了个体结婚概率，使得结婚行为减少。表 4-8 为出口规模扩张对个体生育选择影响的稳健性估计结果。结果显示，城市已育个体份额与出口规模扩张负相关、个体初育年龄与出口规模扩张正相关，并且变换估计样本、估计方法等的结果均表明个体生育表现与城市出口规模扩张负相关，即城市出口规模扩张降低了个体生育意愿，使得适龄群体中选择生育的个体减少，生育时间推迟、初育年龄提高。综上所述，城市出口规模扩张显著降低了个体婚育概率，使得结婚和生育均下降。基准估计结果是稳健的。

---

① 总的来说，由于本书更为关注是否生育而非生育数量，计划生育政策更多地作用于控制生育数量，因此本书的研究问题受计划生育政策的影响是比较小的。都阳（2005）的研究发现计划生育政策在 1989 年之前显著促进生育率的下降而在 1990 年之后作用几近消失。这也佐证了在本书的样本期间（1990 年和 2000 年），个体生育行为较少受计划生育政策的影响。

表4-7 稳健性检验——个体婚姻选择

变量	(1) 已婚份额	(2) 出口额	(3) 未婚和初婚样本	(4) 初婚年龄样本	(5) 法定劳动年龄样本	(6) 剔除流动人口	(7) CHIP主线数据	(8) 2008年之前样本	(9) Ologit	(10) Probit
lncityexop	-0.0126** (-2.43)		-0.539**** (-4.60)	-0.587**** (-4.45)	-0.480**** (-4.72)	-0.183** (-2.04)	-0.331**** (-3.44)	-0.769*** (-2.96)	-0.325**** (-3.70)	-0.165*** (-3.42)
lnexport		-0.152**** (-3.44)								
_cons	0.845**** (566.89)	-11.06** (-2.28)	-28.21**** (-4.20)	-45.49**** (-5.94)	-24.61**** (-4.23)	-3.898 (-0.71)	-10.66 (-1.49)	20.56 (1.08)	10.83** (2.19)	-4.391 (-1.63)
城市固定效应	是	是	是	是	是	是	是	是	是	是
年份固定效应	是	是	是	是	是	是	是	是	是	是
观察值	345	110963	110230	36858	96864	104835	100863	66783	117633	117633

注：括号内为t统计量，****、***、**和*分别表示回归系数在0.1%、1%、5%和10%的水平上显著。

表4-8　稳健性检验——个体生育选择

变量	(1) 已育份额	(2) 初育年龄	(3) 出口额	(4) 育龄期样本	(5) 已婚样本	(6) 初婚样本	(7) 计划生育	(8) Ologit	(9) Probit	(10) 差分估计
Lncityexop	-0.00431* (-1.74)	0.0773**** (24.94)		-0.0497**** (-18.43)	-0.0313**** (-11.62)	-0.0313**** (-11.62)	-0.00588** (-2.51)	-0.00538** (-2.52)	-0.00229* (-1.87)	
lnexport			-0.0222**** (-26.99)							
dlncityexop										-0.0127** (-2.24) (-0.52)
_cons	0.728**** (513.10)	24.91**** (212.82)	-10.02**** (-389.05)	-19.11**** (-179.58)	-5.030**** (-48.99)	-5.029**** (-48.95)	-14.73**** (-161.38)	10.64**** (128.92)	-6.177**** (-130.64)	0.302 (1.51)
城市固定效应	是	是	是	是	是	是	是	是	是	是
年份固定效应	是	是	是	是	是	是	是	是	是	—
观察值	487	7240866	9642442	6825813	8860600	8853180	8412982	10297814	10297814	232

注：括号内为t统计量，****、***、**和*分别表示回归系数在0.1%、1%、5%和10%的水平上显著。

4.2.3 分样本检验

通过上述分析，我们证实了城市出口规模扩张对个体婚育选择的影响的平均效应是负向的，即城市出口规模扩张显著降低了个体婚育概率，导致结婚和生育减少。本节将进行异质性分析，充分考虑样本的地区特征和个体特征对估计结果的差异化影响。

（1）基于城市特征的分样本检验

首先，按照城市区位将样本分为东、中、西部地区。中国幅员辽阔，地理位置以及自然环境差异使得各地区经济发展水平、产业结构、贸易方式差异巨大。中东部地区同时享受着优越地理位置的红利以及改革开放的政策利好，外贸产业发展迅猛。相比于西部地区，中东部省市具有更高的经济发展水平、更为完善的工业生产体系以及更为发达的外贸产业。图4-5展示了1996~2015年中国东中西部地区的平均出口规模扩张程度，可见，城市出口规模扩张程度存在明显的地域差异，东部最高且增长最快、中部次之，西部最低且增长最慢。极具差异化的经济社会环境深刻地影响着个体的就业、收入乃至社会观念，东部地区较高的对外开放水平塑造了这些地区个体更为开放的婚育观念。各地区除本身的经济基础和人文条件差异以外，它们受到出口增长的影响也是存在较大差异的，显然，出口增长会对东中部地区产生更大的影响。基于此，我们将样本划分为东、中、西部城市三个子样本进行分析。其次，按照城市经济发展水平进行分类，以城市人均GDP的中位数将样本分为经济欠发达地区和经济发达地区。经济发展水平越高的城市通常来说其外贸产业也更发达，出口增长也更快。同时，经济发达地区更有可能是沿海地区，个体平均收入水平更高，个体婚育观念也更为自主和开放。经济发达地区较快的出口贸易增长使得这些地区的个体的劳动力产出增长更多，从而更大程度上影响着其婚育选择。基于此，我们将样本划分为经济发达和经济欠发达两个子样本进行分析。再次，根据城市产业发展状况进行分类，利用第三产业与第二产业产值之比来刻画城市的产业发展情况，比值大于中位数则认为该城市的服务业较发达，反之制造业更加发达。地区经济发展和产业结构相辅相成，经济增长是产业结构优化的经济基础，产业结构优化升级是经济发展的长期内在动力。产业结构影响着地区经济发展进程，在很大程度上也决定了当地的就业结构，从而影响个体的经济社会境况。基于此，我们将样本划分为制造业发达和服务业发达两个子样本进行分析。最后，按照城市教育事业支出的多寡进行分类，以城市教育事业支出占政府支出的比重的中位数进行划分，将样本分为教育发展水平较高城市和教育发展水平较低城市。城市教育支出反映了地方政府对教育、人才和技能的重视程度，支出份额越高则城市教育事业越发达，城市平均人力资本水平也越高，这对于进行技术创新、增强产品核心竞争力和提升出口产品质量具有重要作用。同时，政府对教育的重视程度也有助于提高教育投资的预期收益，使得个体更有可能进行教育投资，提高个体受教育水平，进而影响个体婚育观念和行为。基于此，我们将样本划分为教育发达和教育欠发达两个子样本进行分析。

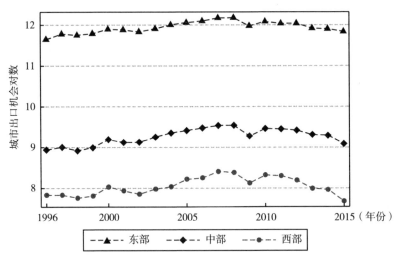

图 4-5　东中西部地区出口规模扩张程度随时间变化趋势

资料来源：笔者根据式（4-8）的计算结果绘制。

　　基于城市特征的异质性分析结果见表4-9和表4-10。表4-9展示了城市出口规模扩张对个体婚姻选择影响的异质性分析结果。表4-10报告了城市出口规模扩张对个体生育选择影响的异质性分析结果。根据结果显示，出口增长对个体婚育选择的负效应对于东中部地区、经济发达地区、服务业繁荣地区以及教育支出较高地区的个体更为显著，表明城市出口增长会促使这些地区的个体的婚育概率下降得更多，选择结婚和生育的个体更少。我们认为可能的原因在于：经济发达的东中部地区其出口增长幅度更大，会对个体的经济境况、婚育观念和社会行为产生更大的影响，从而更大程度地影响个体婚育表现。此外，根据表4-10，对于经济欠发达的西部地区，出口增长会对个体生育产生正效应，从而提高生育水平。我们认为可能由于这些地区经济基础薄弱，居民平均收入水平较低，出口增长带来的劳动力市场产出效应为个体提供了就业和收入来源，获得收入的个体可能会增加其生育选择，即出口增长带来的收入从"无"到"有"可能会对个体生育选择产生正向的促进作用。

（2）基于个体特征的分样本检验

　　首先，根据个体性别特征将样本分为男性和女性样本。男性和女性在生理构造上的差异以及传统社会规范中二者在社会、家庭中所扮演的角色和起到的作用等方面的不同，使得二者的婚育决策存在显著的性别差异。[①] 比如，对女性友好的劳动力市场往往会提高女性选择婚姻的成本，导致结婚减少；相反，对男性友好的劳动力市场有助于提高男性结婚的收益，使得结婚增多。同样地，生育选择的成本和收益对于夫妻双方是存在较大差异的，生育选择可能会造成女性晋升困难，甚至职业生涯中断，但对男性的影响基本可以忽略不计。性别差异的存在也会对出口增长对婚育的影响产生差别性的调节作用，即出口增长对男性和女性

---

① 章逸然等（2015）指出，性别差异是造成男女婚姻匹配困难程度差异的主要原因。

表4-9　基于城市特征的分样本检验——个体婚姻选择

因变量为：marialstatus	城市区位			经济发展水平		产业结构		教育发展水平	
	(1)东	(2)中	(3)西	(4)低	(5)高	(6)制造业	(7)服务业	(8)低	(9)高
lncityexop	-0.227	-0.789****	1.447	0.0211	-0.255***	-0.191	-1.069****	0.0774	-2.406****
	(-0.67)	(-4.37)	(0.77)	(0.34)	(-3.01)	(-0.99)	(-4.17)	(0.25)	(-5.90)
_cons	-44.62***	-31.42*	-8.259	-7.723	-35.04****	-17.29	-28.68*	-51.03****	-55.00
	(-2.58)	(-1.70)	(-0.03)	(-1.00)	(-3.50)	(-1.50)	(-1.93)	(-4.57)	(-1.49)
城市固定效应	是	是	是	是	是	是	是	是	是
年份固定效应	是	是	是	是	是	是	是	是	是
观察值	49923	44099	16208	53058	57172	56523	53706	60646	49583

注：括号内为t统计量，****、***、**和*分别表示回归系数在0.1%、1%、5%和10%的水平上显著。

表4-10　基于城市特征的分样本检验——个体生育选择

因变量为：child	城市区位			经济发展水平		产业结构		教育发展水平	
	(1)东	(2)中	(3)西	(4)低	(5)高	(6)制造业	(7)服务业	(8)低	(9)高
lncityexop	-0.0252****	-0.0854****	0.130****	0.0153****	-0.0860****	0.0487****	-0.0148****	0.0143****	-0.0987****
	(-5.94)	(-20.61)	(27.84)	(4.15)	(-14.24)	(26.29)	(-8.64)	(4.08)	(-19.46)
_cons	-9.812****	-11.30****	-15.27****	-12.03****	-7.627****	-11.17****	-10.77****	-9.619****	-13.39****
	(-82.89)	(-74.96)	(-69.43)	(-77.91)	(-43.73)	(-249.86)	(-216.04)	(-65.91)	(-93.55)
城市固定效应	是	是	是	是	是	是	是	是	是
年份固定效应	是	是	是	是	是	是	是	是	是
观察值	4508373	3773546	2015895	5141626	5156188	5169649	4940238	5000458	5297356

注：括号内为t统计量，****、***、**和*分别表示回归系数在0.1%、1%、5%和10%的水平上显著。

劳动力市场产出的影响并非均等，从而对两性个体婚育选择的影响并非完全一致，出口增长可能会对女性的婚育选择造成更大的影响。其次，根据个体受教育水平将样本划分为小学、中学和大学学历样本。[①] 个体受教育程度一方面反映了个体处于教育系统的时间长度，决定了个体从青年人向成年人、从学生向妻子（丈夫）的转变时点，受教育时间越长越会使得个体结婚和生育的时间节点推迟。并且，较长的受教育时间通常意味着较短的择偶窗口期，增加了婚恋的难度。另一方面，教育塑造着个体观念，不同受教育水平的个体其婚姻观念也存在显著差异，受过高等教育的个体更有可能选择晚婚晚育（Bloom and Reddy，1986）。此外，在人力资本市场，通常将学历与技能水平挂钩，较高的受教育水平通常而言意味着未来较强的经济实力。即教育会通过婚育时间、婚育观念、经济水平等影响个体婚育选择。再次，根据个体年龄进行分类，考虑到结婚和生育对于年龄的考量不同，我们的样本选取略有差异。对于个体婚姻选择，我们仅保留初婚年龄段[②]样本并依据是否剩男剩女[③]将其分为低龄和高龄，前者包括 20～27 岁的女性和 22～30 岁的男性，后者包括 28～34 岁的女性和 31～36 岁的男性[④]。对于个体生育选择，我们仅保留育龄期[⑤]个体样本并将其分为低龄和高龄，前者是指 20～27 岁的女性和 22～30 岁的男性，后者是指 28～36 岁的女性和 31～45 岁的男性。不同年龄段个体所处年代不同、经历的经济社会环境不同，个体的婚育观念、

---

①　小学：受教育水平为小学及以下；中学：受教育水平为初中、高中、中专、职高等；大学：受教育水平为大专及以上。

②　初婚年龄：20～34 岁女性，22～36 岁男性（孙炜红和谭远发，2015）。

③　"剩女"是指 27 岁以上未结婚的单身女性；"剩男"则是指 30 岁以上还未结婚的单身男性（章逸然等，2015）。因此，我们以女性 27 岁、男性 30 岁作为分界线来考察不同年龄段个体的结婚行为的差异性，即将女性样本分为 20～27 岁和 28～34 岁个体，将男性样本分为 22～30 岁和 31～36 岁个体。

④　由于 CHIP 数据跨度为 1999～2013 年，我们还采用了另一种划分方式，根据个体出生年代将样本分为"60 后""70 后"和"80 后""90 后"，结果也显示出口增长会对"80 后""90 后"个体的婚姻行为产生更大的影响。

⑤　育龄期：20～36 岁女性，22～45 岁男性（Keller and Utar，2022）。

婚育选择也存在较大差异。早些年代个体婚育观念较为保守，而年青一代个体的婚育观念更加开放，更少受到传统社会规制及风俗习惯等的影响，具有较高的婚育自主权。不同年龄段个体受"生物钟限制"的影响也存在差异。所以根据个体收入状况进行分类。由于 CHIP 数据提供了有关于个体收入的相关信息，因此我们在考察出口增长对个体婚姻选择的影响的异质性时，利用个体全年收入这一变量并依据其中位数将样本分为低收入（包括零收入个体）和高收入个体样本进行分类分析。而 IPUMS 数据仅提供了关于个体就业状况的相关信息，因此我们在分析出口增长对个体生育选择的异质性影响时，采用的是个体就业这一变量，并依据其将样本划分为有工作的个体和没有工作的个体，以观测城市出口规模变化对不同收入状况群体生育选择的差异化影响。婚姻存在典型的保险性功能或风险削减功能（阳李，2019），意味着无收入来源个体可以通过婚育来获得生活资料，这使得较这类群体可能具有更强烈的结婚和生育意愿，相比之下有独立收入来源的个体更具婚育自主权，结婚和生育意愿可能更低。进一步地，对于有收入个体而言，男性收入的增长可能会提升其婚育的收益，从而促进结婚和生育，女性收入水平的提升可能会提高其婚育的成本，导致结婚和生育减少。并且出口增长引起的产出变化对于市场活动的参与者即有工作的个体显然是更加显著的。最后，根据户口类型将样本划分为农业户口和非农户口样本（仅针对 CHIP 数据)①。非农个体和农业个体在从事职业、收入水平、受教育程度、婚姻观念等方面均存在较大差异，且出口规模扩张对城市和农村的影响也是大不相同的。

基于个体特征的分样本检验结果见表 4 – 11 和表 4 – 12。表 4 – 11 展示了城市出口规模扩张对个体婚姻选择影响的分样本检验结果。表 4 – 12

---

① 根据 CHIP 数据提供的信息，我们还采用了另一种分类方式：城镇、农村和流动人口样本，估计结果也表明出口规模扩张会导致农村和流动人口更大程度地降低结婚意愿，减少结婚行为。备索。

表4-11　基于个体特征的分样本检验——个体婚姻选择

因变量为：marrialstatus	性别		受教育水平			年龄		收入		户籍	
	(1)	(2)	(3)	(4)	(5)	(6)	(7)	(8)	(9)	(10)	(11)
	男	女	小学	中学	大专及以上	低	高	低	高	非农	农业
Incityexop	-0.469***	-0.666****	-0.613	-0.711****	-0.370	-0.702****	-0.191	-0.615**	-0.164**	0.0615	-1.656****
	(-3.00)	(-3.54)	(-1.29)	(-4.74)	(-1.01)	(-4.35)	(-0.46)	(-2.40)	(-1.97)	(0.21)	(-4.71)
_cons	-21.26**	-39.49****	-27.61	-24.21***	-48.14***	-42.95****	-59.68***	-15.30	-59.49****	-36.74***	-32.75**
	(-2.42)	(-3.60)	(-0.95)	(-2.66)	(-3.07)	(-4.58)	(-3.03)	(-1.12)	(-6.09)	(-2.84)	(-2.52)
城市固定效应	是	是	是	是	是	是	是	是	是	是	是
年份固定效应	是	是	是	是	是	是	是	是	是	是	是
观察值	55727	54503	24506	68811	15888	21268	13598	42798	34110	41683	50155

注：括号内为 t 统计量，****、***、**和*分别表示回归系数在 0.1%、1%、5%和10%的水平上显著。

表4-12　基于个体特征的分样本检验——个体生育选择

因变量为：child	性别		受教育水平			年龄		是否就业	
	(1)	(2)	(3)	(4)	(5)	(6)	(7)	(8)	(9)
	男	女	小学	中学	大专及以上	低	高	无就业	就业
Incityexop	0.0156****	-0.0394****	-0.0176****	0.0478****	0.0317	-0.0555****	-0.00834***	0.103****	-0.0231***
	(5.65)	(-11.37)	(-7.53)	(8.21)	(1.19)	(-15.38)	(-3.28)	(14.40)	(-10.22)
_cons	-9.246****	-13.47****	-9.887****	-17.71****	-23.78****	-32.57****	-12.93****	-9.423****	-10.41****
	(-86.10)	(-101.52)	(-108.35)	(-83.32)	(-23.66)	(-176.37)	(-102.38)	(-39.24)	(-116.42)
城市固定效应	是	是	是	是	是	是	是	是	是
年份固定效应	是	是	是	是	是	是	是	是	是
观察值	5277153	5020661	8507055	1674609	116147	3042160	3748969	1143339	9154475

注：括号内为 t 统计量，****、***、**和*分别表示回归系数在 0.1%、1%、5%和10%的水平上显著。

报告了城市出口规模扩张对个体生育选择影响的分样本检验结果。结果显示，出口增长对个体婚育选择的负效应对于女性、低收入、低学历、农村个体和低龄个体更为显著，会促使这类群体更大程度地降低婚育概率、减少结婚和生育选择。我们认为形成这一结果的原因在于：城市出口规模扩张带来的就业以及收入的增长对于低收入低学历者以及女性个体更为显著，会促使其经济社会境况得到更大程度的改善，从而影响其婚育选择。

4.3　影响机制检验

本节继续探索城市出口规模扩张引致个体婚育表现不佳的内在渠道。本书认为城市出口规模扩张会通过提高个体就业和收入水平、改变个体婚育观念进而使得婚育意愿下降、婚育减少。

4.3.1　出口规模扩张与收入水平

（1）出口规模扩张、就业和收入、婚姻选择

出口规模扩张促进了个体就业和收入增长，尤其是女性劳动力，可能会导致婚姻的净收益下降，阻碍婚姻形成。伴随着出口规模扩大，对劳动力的需求不断增加，在男性就业逐渐饱和的情况下，出口规模扩张会使得众多女性劳动力也参与到市场活动中来，获得工作机会和劳动收入（陈晓华和刘慧，2015），从而两性个体的就业和收入境况均得以改善。利用 CHIP 数据，我们计算了城市就业个体份额，并直观展示了其与城市出口规模扩张之间的相关关系，显然，二者是呈正相关的（见图 4-6）。紧接着，我们就城市出口规模扩张对个体就业和收入状况的影响进行了实

证检验，结果见表4-13①。可以看出，城市出口规模扩张有效促进了两性个体就业、提高了个体收入水平，并且，根据第（5）列和第（6）列，城市出口规模扩张会带来女性收入水平更大程度的提升。女性收入快速增长一方面使得女性结婚的相对回报下降、机会成本上升，另一方面也使得男性结婚的支付能力相对下降，最终导致结婚个体减少。对于女性而言，收入水平的提高使得她们不再需要通过婚姻获得经济支持以维持生计，这极大地提高了女性的经济社会地位，提高了其在婚姻市场的话语权和主动权。并且，女性从劳动力市场的获得越高，意味着其结婚的机会成本也越高，从婚姻中获得的经济价值也越低，这使得女性不再会为了婚姻而放弃事业。对于男性而言，伴随着人们对婚姻经济基础要求的提高（Zhou，2019），男性的婚姻成本急剧上升，男性收入水平增长不及女性削弱了他们对结婚所需的房车、彩礼等的支付能力，不仅使得男性结婚意愿降低，也使得部分男性被动未婚或者不婚。最终，男性和女性个体的结婚意愿均会减弱，结婚行为减少。

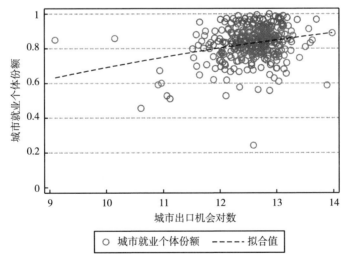

图4-6　城市就业个体份额与出口规模扩张的相关关系

资料来源：笔者根据式（4-8）的计算结果和CHIP数据绘制。

---

① 我们还利用CGSS数据对这一渠道进行了检验，结果一致，见附录2。

表 4－13　　　　　　　　　出口规模扩张、就业和收入

变量	个体就业			个体收入		
	（1）	（2）	（3）	（4）	（5）	（6）
	全样本	男性	女性	全样本	男性	女性
lncityexop	0.261 ****	0.312 ****	0.238 ****	0.0859 ***	0.0559 *	0.112 **
	（8.32）	（6.06）	（5.96）	（2.89）	（1.72）	（2.15）
_cons	－5.854 ****	－10.60 ****	－8.013 ****	2.580 ****	2.777 ****	－0.778
	（－10.87）	（－11.63）	（－11.89）	（5.34）	（5.13）	（－0.96）
城市固定效应	是	是	是	是	是	是
年份固定效应	是	是	是	是	是	是
观察值	89841	46620	43221	73434	41570	31864

注：括号内为 t 统计量，****、***、** 和 * 分别表示回归系数在 0.1%、1%、5% 和 10% 的水平上显著。

（2）出口规模扩张、女性收入增长和母职惩罚、生育选择

出口规模扩张促进了女性收入增长，劳动力市场产出的增加提高了女性时间的相对市场价值，导致女性生育的机会成本大幅提升，从而生育水平下降。首先，出口规模扩张带来的就业增长促进了女性较为普遍的劳动参与，提高了女性经济收入。在男主外女主内的传统性别分工模式下，女性较少地参与市场活动，没有经济收入的她们更像是男性的附属，其主要工作即为照顾家庭和子女。经济开放带来的就业机会增加以及灵活的就业方式使得越来越多的女性走出家庭、走向职场，女性就业和收入水平显著提升。其次，女性收入水平的提高能有效提升其经济社会地位，有助于女性较多地掌握生育主动权，其生育选择较少受家庭以及性别角色传统观念的约束，这会使得生育水平下降。最后，拥有独立经济来源的女性也有了除照顾家庭以外的其他可能性，如对事业的追求、自我价值实现等，这极大地提高了女性生育的机会成本，使得生育减少。一方面，在选择是否生育时，出口规模扩张带来的女性经济实力的提升会使得生育选择本身给女性造成更大的经济损失。生育主要由女性完成，

"十月怀胎"必然会导致女性劳动参与下降，造成收入下降甚至职业中断，女性收入越高，生育的机会成本越大，潜在的经济损失更大。另一方面，在选择生育以后，出口规模扩张引致的女性收入水平提高可能会放大生育带来的"母职惩罚"和"父职收益"效应。生育可能会造成女性晋升困难甚至职业中断，生育子女之后，男主外女主内的传统的性别角色观念会使得女性将更多的时间和精力投入家庭和照料孩子，这极大地影响了女性的劳动力市场表现，导致其劳动力市场收益下降，即"母职工资惩罚"。相反，男性会因为养育孩子带来的家庭支出增加而更加努力地工作，从而收入水平上升，即"父职工资溢价"（许琪，2021）。我们先利用 CGSS 数据检验了出口规模扩张对女性收入的影响，结果如表 4－14 第（1）列所示，显然，二者正相关，即出口规模扩张有助于提高女性收入水平。再者，我们利用 IPUMS 数据评估了城市出口规模扩张对男性和女性个体就业的影响，以检验出口增长是否会放大"母职惩罚"和"父职收益"效应。表 4－14 第（2）列和第（3）列的结果表明，出口规模扩张降低了有 0～5 岁小孩的女性个体的就业，提高了对应男性的就业，第（3）列和第（5）列的结果表明生育选择会对女性就业产生显著的负向影响，是存在"母职惩罚"效应的。第（2）列和第（4）列的结果表明，对于男性个体而言，无论是否有 0～5 岁小孩，出口规模扩张均会提升其就业水平，并且有 0～5 岁小孩的男性个体的就业水平提升得更多，即是存在"父职收益"效应。因此，结合表 4－14 第（1）列至第（5）列的结果，城市出口增长显著提升了女性的劳动力市场产出，并通过加剧"母职惩罚"效应，对其生育表现产生负向影响。

（3）出口规模扩张、家庭收入增长和孩童质量偏好、生育选择

出口规模扩张提高了总体就业水平和收入水平，会带来家庭收入增加，家庭经济水平提升会促使父母更加注重孩子的质量，即看重对单个孩子的培养，养育费用的增加会使得孩子数量下降。贝克尔（Becker，

1960）认为孩子是耐用消费品，收入（家庭收入）和"价格"（养育孩子的支出）的相对变化决定了家庭对孩子的"消费数量"（生育数量），即家庭收入和养育成本会对生育选择产生重要影响。家庭收入的提升会产生三种效应：正向的收入效应，即家庭收入提高时孩子数量会提高；负向的收入效应，即收入的增加会提高孩子的质量（单个孩子的花费），使得孩子的数量下降；第三，负向的替代效应，即家庭收入增长通常也伴随孩子"价格"的上升，从而数量下降，即生育减少。因此，生育数量取决于质量和数量之间的权衡。通常来说，高收入家庭一方面有能力承担生育多孩的额外成本，但养育文化也会使得人们更加看重孩子的质量（於嘉等，2020），对于高收入家庭尤其如此。表 4-14 第（6）列和第（7）列首先分别以家庭总收入和家庭收入阶层为被解释变量检验出口增长对家庭收入的影响，发现二者确实正相关，即出口规模扩张显著提升了家庭经济水平。再者，由于数据限制，我们无从得知家庭对单个孩子的养育费用支出，但显然，养育费用和受教育程度成正比，因此受教育程度能够较好地代理养育费用。根据 CGSS 数据提供个体受教育水平、父亲的受教育程度、母亲的受教育程度信息，我们计算了受教育程度的代际差异，受教育程度的代际差距越大意味着家庭对教育的支出越高，养育费用越高。我们利用受教育程度的代际差距对城市出口规模扩张进行回归，结果如表 4-14 所示第（8）列。可以看出，城市出口规模扩张提高了受教育程度的代际差距，侧面证实了出口规模扩张提高了孩子的养育成本。为了证实孩童数量和质量之间的权衡，我们利用 CHIP 数据和中国家庭追踪调查数据（China family panel studies，CFPS）提供的相关信息比较了独生子女和非独生子女的受教育程度（见表 4-15），结果发现独生子女的平均受教育程度高于非独生子女，即平均而言，随着孩童数量的增加，家庭对单个孩子的养育费用支出可能会减少，从侧面证实了孩童数量—质量之间的权衡。因此，出口规模扩张带来的家庭收入增长会提高孩子质量，使得孩子数量降低，即生育减少。

表 4－14 出口规模扩张与女性收入和家庭收入

变量	出口规模扩张、女性收入增长和母职惩罚			出口规模扩张、家庭收入增长和孩童质量偏好				
	(1)	(2)	(3)	(4)	(5)	(6)	(7)	(8)
	女性收入	有0~5岁小孩男性的就业状态	有0~5岁小孩女性的就业状态	无0~5岁小孩男性的就业状态	无0~5岁小孩女性的就业状态	家庭收入对数	家庭收入水平	教育水平的代际差距
lnpronexop	0.229** (2.17)					0.141* (1.95)	0.286**** (3.59)	0.139* (1.66)
lncityexop		0.0696*** (2.70)	-0.159**** (-19.02)	0.0560**** (8.46)	-0.0346**** (-7.33)			
_cons	-10.53**** (-4.44)	2.195*** (2.83)	-1.016**** (-3.85)	-6.015**** (-28.90)	-3.546**** (-24.94)	4.971 (1.48)	5.688** (2.04)	-23.92**** (-6.12)
城市固定效应	—	是	是	是	是	是	是	是
省份固定效应	是	—	—	—	—	—	—	是
年份固定效应	是	是	是	是	是	是	是	是
观察值	25423	1202928	1288081	3778972	3469306	32495	33408	41309

注：括号内为 t 统计量，****、***、** 和 * 分别表示回归系数在 0.1%、1%、5% 和 10% 的水平上显著。

表4-15 独生子女和非独生子女的平均受教育水平

类型	CHIP2013[①]	CFPS2010[②]
独生子女	3.69	3.09
非独生子女	3.14	2.44

4.3.2 出口规模扩张与婚育观念

(1) 出口规模扩张、两性认知观念、婚姻选择

城市出口规模扩张促进了个体性别认知观念的转变，个体更加看重自我人生价值追求，使得对婚姻的需求下降。出口规模扩张极大地促进了国内经济增长，有效推动了社会结构、生活方式以及家庭观念的变迁。同时，出口规模扩张还会通过提升个体受教育水平、深化国家之间文化交流与融合等方式改变个体社会观念，使其变得更加开放和崇尚自由。当下年轻人更加注重自我感知，重视自身的生活质量和幸福感获得，对婚姻的需求下降。考虑到数据限制，我们利用CGSS数据来考察出口规模扩张对个体性别认知的影响，主要是个体对两性在工作和家庭中承担的角色的看法的影响。根据CGSS数据提供的信息，我们考察了以下四个问题：第一，您是否同意以下观点：男人以事业为重，女人以家庭为重？0表示同意，1表示不同意；第二，您是否同意以下观点：男性能力天生比女性强？0表示同意，1表示不同意；第三，您是否同意以下观点：在经济不景气时，应该先解雇女性员工？0表示同意，1表示不同意；第四，您是否同意以下观点：干得好不如嫁得好？0表示同意，1表示不同意。利用Logit模型，我们估计了城市出口规模扩张对以上四个问题的影响，结果见表4-16第（1）列至第（4）列。可以看出，核心解释变量

---

① CHIP数据对个体受教育水平的分类：1表示小学以下（文盲、半文盲），2表示小学，3表示初中，4表示高中（职高、中技），5表示中专，6表示大专及以上。

② CFPS数据对个体受教育水平的分类：1表示小学以下（文盲、半文盲），2表示小学，3表示初中，4表示高中/中专/技校/职高，5表示大专，6表示大学本科，7表示硕士，8表示博士。

系数均显著为正，表明城市出口规模扩张使得"男人以事业为重，女人以家庭为重"、"男性能力天生比女性强"、"在经济不景气时，应该先解雇女性员工"、"干得好不如嫁得好"等这些观念遭到越来越多人的反对，男主外女主内的传统观念逐渐被打破，越来越多的个体认同女性也有追求事业的平等权利，婚姻并非人生的必需品，两性个体对婚姻的需求逐渐下降。

（2）出口规模扩张、生育自由和养老观念、生育选择

首先，我们认为出口规模扩张促进了生育自由观念的普及。随着就业和收入的增长、教育事业的发展以及国内外文化的交流融合，传宗接代、养儿防老等传统观念逐渐被摒弃，个体婚育观念逐渐开放，在生育这一事件上，年青一代更加注重自我需求和满足，其生育选择较少受家庭以及传统观念的规制。我们先考察了个体对是否享有生育自主权这一观念的看法。个体生育观念逐渐开放，越来越多的个体崇尚生育自由，认为生育是个人问题，政府乃至社会不应干预。于是，我们就出口规模扩张是否会使得个体越来越认同"政府不应干预生育、个体享有生育自由权"这一观点进行考察。利用 CGSS 数据提供的信息——"政府不应干涉生育：0 表示不同意，1 表示同意"来衡量个体对生育自主权的认同度，并对出口规模扩张进行回归，估计结果如表 4－16 第（5）列所示。紧接着，我们考察没有政府干涉下的个体生育选择，即继续检验出口规模扩张对没有政策限制下的个体生育选择的影响。同样采用 CGSS 数据提供的信息进行检验，CGSS 询问了个体这样的问题："如果没有政策限制的话，您希望有几个孩子？"我们利用该指标来测度个体的生育意愿，并将被解释变量处理为一个二分类变量：0 表示生育意愿为 0 个小孩，1 表示生育意愿为 1 个及以上小孩。[①] 利用该变量对省份出口规模扩张回归，结果见表 4－16 第（6）列。

---

① 我们还将被解释变量设定为：生育数量：0 个、1 个、2 个、3 个及以上，并利用 CGSS 数据、采用 Mlogit 进行了估计。也将被解释变量设定为：生育数量：0 个和 1 个，并利用 IPUMS 数据和 CGSS 数据进行了检验。结果表明出口扩张降低了个体生育意愿。

表4-16　出口规模扩张与婚育观念

变量	出口规模扩张与性别认同				出口规模扩张与生育自由		出口规模扩张与养儿防老	
	(1)	(2)	(3)	(4)	(5)	(6)	(7)	(8)
	男主外女主内	男性能力更强	女性更应该被解雇	干得好不如嫁得好	生育自由	生育意愿	政府参与养老	无孩童性别偏好
lnprovexop	0.529****	0.777****	0.289**	0.504****	0.492****	-1.038***	0.852****	0.0957*
	(4.47)	(6.66)	(2.26)	(4.20)	(6.39)	(-3.28)	(12.36)	(1.96)
_cons	-22.68****	3.055	12.03*	-1.611	75.64****	-64.54****	69.97****	3.014
	(-3.85)	(0.54)	(1.92)	(-0.28)	(25.60)	(-5.97)	(26.52)	(1.39)
省份固定效应	是	是	是	是	是	是	是	是
年份固定效应	是	是	是	是	是	是	是	是
观察值	38851	38802	38450	38735	48674	48599	48674	111

注：括号内为t统计量，****、***、**和*分别表示回归系数在0.1%、1%、5%和10%的水平上显著。

　　其次，出口规模扩张促进了传统养儿防老等养老观念的变迁。养老观念的变迁或许是引起个体生育观念变化的另一个重要原因。传统社会中，传宗接代、养儿防老等观念根深蒂固，生养小孩是人生的重要内容，这使得个体会选择生较多的小孩、生男孩。但随着经济发展，社会保障制度逐渐完善，个人养老观念逐渐变迁，越来越多的"80后""90后"认识到并非一定要靠孩子养老，养儿也并不一定防老，这使得出于养老目的的生育行为减少。对此，我们考察了出口规模扩张对个体养老观念的影响，以探寻出口规模扩张对个体生育观念变迁的内在驱动因素的影响，利用CGSS数据，我们考察了出口规模扩张对个体养老观念和男孩偏好的影响。关于养老观念，CGSS询问了这样的问题："您认为有子女的老人的养老主要应该由谁负责？1表示政府负责，2表示子女负责，3表示老人自己负责，4表示政府/子女/老人均摊"，根据是否有政府参与个人养老，我们将该问题的答案处理为："0表示政府不参与个人养老，1表示政府参与个人养老"，再将其作为被解释变量对省份出口规模扩张回归。估计结果如表4－16所示第（7）列。关于男孩偏好，CGSS调查了这样的问题："如果没有政策限制的话，您希望有几个孩子－其中几个儿子"，"如果没有政策限制的话，您希望有几个孩子－其中几个女儿"，我们利用对该问题的回答①，获得省份层面没有性别偏好的个体的份额，再利用该份额对省份出口规模扩张进行估计②。结果见表4－16第（8）列。表4－16后四列的结果表明，出口规模扩张促进了生育自由观念的普及，降低了个体生育意愿，同时，也使得传宗接代、养儿防老等观念逐渐淡化，出于养老目的的生育行为减少。至此，假说1b得到验证。

---

　　① 对该问题的回答，如果个体回答了具体数量，则认为他可能是存在性别偏好的，如果个体的回答是"无所谓儿子或女儿"，则认为他对孩子的性别没有具体偏好。

　　② 我们还利用对该问题的回答得到了在没有政策限制下个体愿意生育的男孩数量和女孩数量之差以及愿意生育的男孩数量占总生育数量的份额，并将其作为被解释变量对省份出口规模扩张进行回归，以此来解释出口规模扩张对男孩偏好的影响。结果一致，均表明出口规模扩张有助于降低男孩偏好。

(4.4) 小结

本章考察了城市出口贸易开放的第一个层面——出口规模的增长，即城市出口规模扩张，采用外国对本国城市的进口需求来刻画，对个体婚育表现的影响。基于 CHIP 数据和 IPUMS 数据的实证结果表明城市出口规模扩张对个体婚育表现产生了显著的负向影响，会导致个体结婚和生育概率降低，该结论在改变被解释变量和解释变量的测度方式、变换估计方法和估计样本之后仍然稳健。分样本的结果表明出口规模扩张导致的结婚和生育水平下降对于经济发达、服务业繁荣、教育发达的东部地区的个体更加显著，对于女性个体、低学历低收入个体等这类平均经济实力较差的个体"80 后""90 后"的年青一代更为显著。在本章的最后，我们探寻了出口规模扩张引起个体结婚和生育减少的内在机制。结果发现，第一，出口规模扩张提高了个体劳动力市场产出。出口规模扩张会通过促进两性个体就业和收入增长，降低结婚的净收益，使得结婚行为减少。出口规模扩张会通过提高女性收入，造成生育成本上升并放大母职惩罚效应，进而使得生育水平下降；还会通过提高家庭收入，增强孩童数量和质量之间的权衡效应，使得对孩童质量的需求上升、数量下降。第二，出口规模扩张促进了个体婚姻和生育观念转变。出口规模扩张改变了个体关于男主外女主内传统性别分工的认知观念，个体更加注重人生价值的追求，对婚姻的需求下降。出口规模扩张使得生育自由观念深入人心，传宗接代、养儿防老等养老观念逐渐被摒弃，从而个体生育意愿下降、生育水平降低。

第 5 章

城市出口结构优化对个体
婚育选择的影响研究

实证检验策略

5.1.1 计量模型设定

本章考察城市出口技术结构优化对个体结婚和生育选择的影响。同样地，被解释变量——个体婚姻状况和个体生育状况是微观个体层面的，核心解释——城市出口技术复杂度是城市层面的，理论上讲是不存在反向因果的。因此，我们直接采用 Logit 模型进行估计，设定如下计量方程：

$$\ln\left[\frac{P(Y_{cti}=1\,|\,X_i)}{P(Y_{cti}=0\,|\,X_i)}\right]=\beta_0+\beta_1\ln\!citiyprody_{ct}+\gamma X+\mu_c+\gamma_t+\varepsilon_{cti} \quad (5-1)$$

与前面论述一致，下标 c、t、i 分别为城市、年份和个体。Y_{cti} 为个体婚姻和生育状况。$\ln\!citiyprody_{ct}$ 为第 t 年城市 c 的出口技术结构，采用城市出口技术复杂度来衡量。X 为控制变量。μ_c 和 γ_t 分别为城市和年份固定效应。ε_{cti} 为误差项。

5.1.2 变量和指标

（1）被解释变量

本章的核心被解释变量仍为个体婚姻状况（$maritalstatus_{cti}$）和个体生育状况（$child_{cti}$）。前者采用个体是否已婚的二分类变量来测度：0 表示单身、1 表示已婚，后者采用个体是否生育的二分类变量来测度：0 表示未生育、1 表示已生育。章节 3.1.2 和章节 3.2.2 已经对这两个变量进行过详细说明。

（2）核心解释变量：城市出口技术结构（ln$cityprody_{ct}$）

学术界常用的测度出口技术结构的方法有两类，一种是豪斯曼等（Hausmann et al.，2007）基于显示性比较优势指数法（revealed comparative advantage index，RCA）和比较优势理论提出的出口复杂度指数；另一种是基于出口结构对比的出口相似度指数（陈晓华等，2011；倪红福，2017）。本书将采用前者，即利用出口技术复杂度来衡量城市出口技术结构。技术复杂度指产品的技术含量，侧重于横向比较不同产品之间生产时所需能力的差异性，强调产品间技术含量差异和技术结构优化，即出口一种编码产品到另一种编码产品带来的贸易结构优化，是反映贸易结构演变的重要指标，技术复杂度提升表明中国出口结构在产品间优化（李小平等，2021）。参考周茂等（2016）、陈维涛等（2017）、张宏等（2019）、刘维林等（2014），我们计算了城市层面的出口技术复杂度。

首先，计算产品层面的技术复杂度 $prody_p$。参考豪斯曼等（Hausmann et al.，2007）、洪世勤和刘厚俊（2013），产品层面的技术复杂度计算方式如下：

$$prody_p = \sum_o \frac{(x_{op}/x_o)}{\sum_o (x_{op}/x_o)} Y_o \qquad (5-2)$$

其中，o 为国家，p 为 HS6 位数产品。$prody_p$ 为 HS6 位数产品层面的出口技术复杂度。x_{op} 为 o 国 p 产品的出口额，x_o 为 o 国总出口额，$\frac{(x_{op}/x_o)}{\sum_o (x_{op}/x_o)}$ 为 o 国 p 产品的出口占该国总出口的份额与该产品的世界总出口占世界总出口的比重的比值，它反映了 o 国在 p 产品上的显示性比较优势指数（Balassa，1965）。Y_o 为 o 国的人均 GDP。以产品的显示性比较优势指数为权重对人均 GDP 进行加权平均，就得到了该产品的出口技术复杂度，因此该计算方法也被称为人均收入指标法（李小平等，2021）。产品层面的出口技术复杂度是由这种产品的全球化生产结构决定的，因此它是一个唯一值，如果有多年数据，可以先算出各年的，再进行简单平均，得到一个产品对应的唯一技术复杂度值 $prody_p$。此外，也可以采用基年产品的技术复杂度进行替代，CEPII 提供了 1997 年每种 HS6 位数产品的出口技术复杂度 $prody_{p,1997}$，可直接下载使用。

紧接着，将行业内每种 HS6 位数产品的出口技术复杂度进行简单平均即可得到行业层面的出口技术复杂度 $prody_k$。最后，以城市－行业出口额占城市出口额的比重为权重，将行业出口技术复杂度加总到城市获得城市层面的出口技术复杂度。

$$cityprody_{ct} = \sum_{ct} \left(\frac{x_{ckt}}{x_{ct}}\right) prody_k \qquad (5-3)$$

其中，$cityprody_{ct}$ 为第 t 年城市 c 的出口技术复杂度，$\frac{x_{ckt}}{x_{ct}}$ 为第 t 年城市 c 行业 k 的出口额占第 t 年城市 c 总出口额的比重，$prody_k$ 为行业 k 的出口技术复杂度。利用 BACI 数据库和 WDI，我们首先测算了各 HS6 位数产品唯一的技术复杂度。其次对行业内 HS6 位数产品层面技术复杂度进行简单平均，得到行业层面的技术复杂度。最后，利用中国海关进出口数据库计算得到中国各个城市每种 HS6 位数产品的出口情况，以城市中各行业的出口占城市总出口的比重（即城市出口结构）为权重，将行业技术复杂度加总至城市，得到各年各城市的出口技术复杂度，可用于衡量城市出口结构升级。图 5-1 展示了 1996～2015 年中国城市的平均出口技术复杂度的变迁，显然，出口技术复杂度显著提升，城市出口技术结构在不断优化。

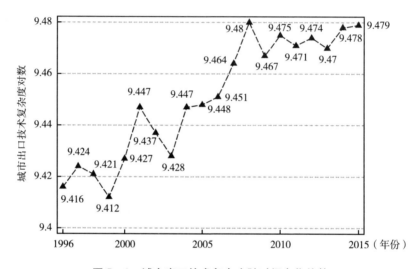

图 5-1 城市出口技术复杂度随时间变化趋势

资料来源：根据式（5-3）的计算结果绘制而成。

（3）控制变量

为了准确地估计城市出口技术结构变迁对个体婚育选择的全面影响，我们需要对以下两类因素进行控制。一是会直接影响被解释变量的其他因素，即除城市出口技术结构以外的其他可能会影响个体婚姻和生育表现的因素，对这类因素加以控制可以有效减少被解释变量的未解释变异，从而提高估计精度。二是会通过解释变量进而影响被解释变量且并非解释变量的结果变量的因素，即会通过影响城市出口技术结构进而影响个体婚育表现的因素，对这类因素加以控制可有效缓解遗漏变量偏误问题，从而得到更加准确的估计值。

当利用 CHIP 数据考察城市出口技术含量提升对个体婚姻选择的影响时，我们控制了会直接影响个体婚姻选择的个体层面的变量：年龄（age）及其平方项（agesq）、性别（sex）、民族（minority）、户籍（surveytype）、受教育水平（education），以及会直接影响并且可能会通过影响出口技术结构进而影响个体婚姻选择的城市层面的变量：城市进口增长（lncity-impd）、城市经济发展水平（lnpergdp）、城市产业结构（indstr_employ）、城市就业水平（emprate）、城市教育发展水平（edulevel）、城市人口密度（lnpopden）和省份层面的变量：省份性别比（sexratio_p）、省份房价水平（lnresidprice_p）、省份居民消费价格指数（cpi_p）、省份交通发展水平（railway_p）。上述变量在章节 4.1.2 中已有详细介绍，不再赘述。此外，我们还控制了：城市外资参与度（fdi_value），采用城市外商实际投资额的对数来衡量。外商直接投资在一定程度上提升和优化了中国的出口结构（Naughton，2006；宋延武等，2007；王博，2009；陈晓华等，2011；汪建新，2013；王孝松等，2014）。亚雷劳和庞塞特（Jarreau and Poncet，2012）利用 1997～2007 年中国各省的数据考察了出口升级的经济效应，指出出口技术复杂度带来的经济增长效应对外向型城市、FDI 较高城市更为显著。即城市外资参与程度可能会通过出口技术结构进而影响个体婚姻选择。

当利用 IPUMS 数据考察城市出口技术含量提升对个体生育选择的影响时，我们控制了会直接影响个体生育选择的个体层面的变量：年龄（age）及其平方项（agesq）、性别（sex）、民族（minority）、受教育水平（edattain）、就业状况（occ_emp），以及会直接影响个体生育选择并可能通过影响城市出口技术结构进而影响个体生育选择的城市层面的变量：城市进口增长（lncityimpd）、城市经济发展水平（lnpergdp）、城市产业结构（indstr_employ）、城市就业水平（occshare）、城市教育发展水平（secshare）。以上变量在章节 4.1.2 中已有介绍，将不再赘述。此外，我们还控制了城市外资参与度（*fdi_value*），采用城市外商实际投资额的对数来衡量。外商直接投资在一定程度上提升和优化了中国的出口结构。城市外资参与程度可能会通过出口技术结构进而影响个体生育选择。

考虑到此处控制变量与章节4.1.2的重复较多，故而不再展示各变量的含义及测算方式，仅对其描述性统计特征进行展示。基于 CHIP 数据，表 5－1 展示了用于估计城市出口技术结构化对个体婚姻选择影响时所用到的变量的描述性统计特征。基于 IPUMS 数据，表 5－2 展示了用于估计城市出口技术结构化对个体生育选择影响时所用到的变量的描述性统计特征。

表 5－1　　　　　　　　　　　描述性统计—CHIP

变量	观测值	均值	标准差	最小值	最大值
maritalstatus	141221	0.84	0.37	0	1
yihunshare	141221	0.84	0.04	0.69	0.95
lncityprody	141221	9.46	0.16	7.71	9.78
age	139947	44.03	14.57	20	102
sex	141221	1.50	0.50	1	2
education	120101	3.46	1.51	1	7
minority	141129	1.03	0.17	1	2
surveytype	141221	1.75	0.61	1	3
lncityimpd	141221	8.06	0.57	4.03	9.68
lnpergdp	139580	10.48	0.87	8.19	13.05
indstr_employ	139580	1.14	0.61	0.22	5.31
emprate	139232	0.21	0.12	0.03	0.92
edulevel	139580	0.18	0.05	0.05	0.36
lnpopden	139580	6.95	0.73	4.32	8.57
sexratio_p	141221	103.11	3	95.07	110.84
lnresidprice_p	141221	8.05	0.54	6.81	9.04
cpi_p	141221	103.05	2.60	96.90	107
railway_p	141221	0.29	0.10	0.09	0.51
lnpop_p	141221	10.69	0.33	9.67	11.11
fdi_value	132812	9.66	2.06	3.26	13.82

表 5 – 2　　　　　　　　　　　描述性统计—IPUMS

变量	观测值	均值	标准差	最小值	最大值
child	10847270	0.75	0.43	0	1
lncityprody	10749600	9.42	0.16	7.99	10
age	10847270	36.40	10.33	20	60
sex	10847270	1.49	0.50	1	2
edattain	10847270	2.01	0.61	1	4
minority	10845599	1.05	0.21	1	2
occ_emp	10847270	0.89	0.31	0	1
lncityimpd	10808481	7.84	1.08	0.25	11.06
lnpergdp	10329086	9.12	0.74	7.42	11.80
indstr_employ	10329086	1.02	0.50	0.18	5.73
occshare	10847270	0.89	0.07	0.62	0.98
secshare	10847270	0.17	0.08	0.01	0.59
sexratio	10847270	1.05	0.07	0.87	1.52
fershare	10847270	0.66	0.05	0.52	0.90
fdi_value	9770034	7.64	2.44	0	12.62

5.2　实证结果分析

考虑到个体婚姻状况和个体生育状况变量来自两个不同的数据库，这两个数据库所提供的变量信息不完全一致，我们将分别展示回归结果。

5.2.1　基准估计结果

首先，我们基于 CHIP 数据和 IPUMS 数据计算了城市层面已婚个体份额和已育个体份额，并刻画了二者与城市出口技术复杂度的相关关系，如图 5 – 2 和图 5 – 3 所示。可以非常直观地看出，城市已婚个体份额与城市出口技术复杂度负相关、城市已育个体份额也与城市出口技术复杂度负相关，可初步得出城市出口技术结构优化可能会使得个体婚育减少，从而城市层面的已婚和已育个体份额均下降。

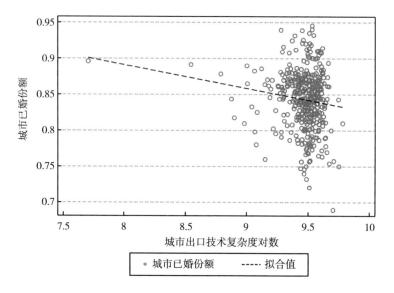

图 5–2　城市已婚个体份额与城市出口技术复杂度的相关关系
资料来源：根据式（5–3）的计算结果和 CHIP 数据绘制。

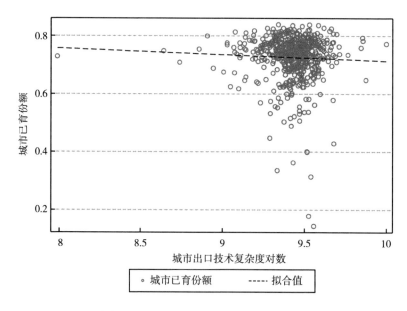

图 5–3　城市已育个体份额与城市出口技术复杂度的相关关系
资料来源：根据式（5–3）的计算结果和 IPUMS 数据绘制。

紧接着，我们实证检验了个体婚育选择与城市出口技术复杂度的相关关系。基于 CHIP 数据，我们估计了城市出口技术结构升级对个体婚姻状况的影响，结果见表 5 - 3。所有估计中均控制了城市固定效应和年份固定效应。第（1）列未加入任何控制变量，仅采用个体婚姻状况对城市出口技术复杂度进行回归。第（2）列控制了个体层面变量：性别、年龄、年龄的平方项、民族、户籍、受教育水平，以剔除个体固有特征和可变因素对其婚姻选择的影响。第（3）列再加入了个体所在城市的宏观经济变量：进口增长、经济发展水平、产业结构、就业水平、教育发展水平、人口密度和外资参与度，第（4）列继续控制了省份层面的性别比、房价、居民消费物价指数和交通发展水平，城市以及省份层面变量的加入可有效控制宏观经济社会环境变迁对个体结婚行为的影响。根据表 5 - 3，核心解释变量的系数均显著为负，表明城市出口技术复杂度提升会导致个体结婚概率下降，结婚行为减少。通过计算平均边际效应可知，城市出口技术复杂度每增加 1 个单位，个体已婚的概率将下降2.68%。

表 5 - 3　　　　　　　　　　基准估计结果——个体婚姻选择

变量	(1)	(2)	(3)	(4)
lncityprody	- 0.272 *** (- 2.84)	- 0.233 ** (- 1.97)	- 0.274 ** (- 2.00)	- 0.309 ** (- 2.16)
age		0.552 **** (126.38)	0.552 **** (121.56)	0.552 **** (121.50)
agesq		- 0.00539 **** (- 118.40)	- 0.00539 **** (- 113.77)	- 0.00539 **** (- 113.72)
sex		0.173 **** (8.77)	0.171 **** (8.40)	0.171 **** (8.39)
minority		- 0.0113 (- 0.17)	- 0.0249 (- 0.35)	- 0.0245 (- 0.35)
surveytype		0.106 **** (6.34)	0.103 **** (5.99)	0.104 **** (6.02)

续表

变量	（1）	（2）	（3）	（4）
education		−0.0273 ****	−0.0216 ***	−0.0215 ***
		（−3.56）	（−2.70）	（−2.69）
lncityimpd			−0.140 *	−0.129
			（−1.65）	（−1.50）
lnpergdp			−0.123	−0.125
			（−0.88）	（−0.86）
indstr_employ			0.363 ****	0.378 ****
			（4.74）	（4.78）
emprate			0.0307	0.0131
			（0.12）	（0.04）
edulevel			1.983 ****	2.119 ****
			（3.34）	（3.50）
lnpopden			0.0456	0.0656
			（0.73）	（1.03）
fdi_value			0.00515	0.00164
			（0.31）	（0.09）
sexratio_p				0.00368
				（0.34）
lnresidprice_p				0.286
				（1.39）
cpi_p				0.0389
				（1.04）
railway_p				0.786
				（0.69）
_cons	5.006 ****	−7.866 ****	−6.499 ***	−13.01 ***
	（5.45）	（−6.85）	（−3.11）	（−2.72）
城市固定效应	是	是	是	是
年份固定效应	是	是	是	是
观察值	141221	119614	110963	110963

注：括号内为 t 统计量，****、***、** 和 * 分别表示回归系数在 0.1%、1%、5% 和 10% 的水平上显著。

基于 IPUMS 数据，我们检验了城市出口技术复杂度提升对个体生育表现的影响。结果如表 5−4 所示。所有估计均控制了地区固定效应和年份固定效应。第（1）列未加入任何控制变量。第（2）列加入了个体层面的年龄、年龄的平方项、性别、民族、受教育水平和就业状况。第（3）列继续控制了宏观城市层面的进口增长、经济发展水平、产业结构、人力资本水平、就业水平和外资参与程度。可以看出，在所有估计中，核心解释变量的估计系数均显著为负，城市出口技术复杂度与个体生育表现负相关，表明城市出口技术含量提升、出口技术结构优化会使得个体生育意愿下降。通过计算边际效应可知，城市出口技术复杂度每增加 1 个单位，生育概率将下降 1.35%。

表 5−4　　　　　　　　基准估计结果——个体生育选择

变量	（1）	（2）	（3）
lncityprody	−0.147 **** （−31.81）	−0.148 **** （−28.74）	−0.0946 **** （−17.54）
age		0.723 **** （1206.19）	0.738 **** （1152.49）
agesq		−0.00874 **** （−1129.83）	−0.00893 **** （−1081.14）
sex		0.592 **** （341.35）	0.563 **** （307.65）
minority		0.106 **** （27.80）	0.121 **** （29.00）
edattain		−0.261 **** （−177.87）	−0.185 **** （−115.71）
occ_emp		0.237 **** （87.43）	0.195 **** （67.18）
lncityimpd			−0.0732 **** （−67.59）
lnpergdp			−0.221 **** （−111.11）

续表

变量	(1)	(2)	(3)
indstr_employ			−0.106 **** (−57.95)
occshare			−0.136 **** (−8.20)
secshare			−0.809 **** (−48.84)
fdi_value			−0.0284 **** (−56.72)
_cons	−2.540 **** (58.16)	−11.52 **** (−229.70)	−9.158 **** (−168.62)
城市固定效应	是	是	是
年份固定效应	是	是	是
观察值	10749600	10747936	9642442

注：括号内为 t 统计量，****、***、** 和 * 分别表示回归系数在 0.1%、1%、5% 和 10% 的水平上显著。

根据表 5 − 3 和表 5 − 4，城市出口技术复杂度提升会导致个体婚育概率下降，适龄群体中选择结婚和生育的个体将显著减少。假说 2a 成立。我们认为导致这一结果的一个重要因素在于出口技术结构升级有效促进了个体受教育水平的提升。这会产生以下三种效应：第一，受教育时间的延长直接导致了个体婚育时间推迟。即受教育年限延长使得个体长期处于教育系统，推迟了从青年人转变到成年人的时间节点，择偶窗口期的缩短以及在校身份与丈夫/妻子角色的不兼容使得高学历个体往往推迟结婚和生育的时间。第二，受教育水平的提升有助于提高个体的劳动生产率，于女性而言，可能会降低其婚姻的收益，提高其生育的机会成本，导致婚育下降。"新家庭经济学（new home economics）"认为更好的教育和就业机会带来的女性经济独立性提高是导致其推迟结婚和生育的重要因素。第三，教育塑造了个体婚育观念。不同受教育水平的个体其婚育观念也存在显著差异，受过高等教育的个体更加看重自我价值的实现，婚育观念更加开放，因此更有可能选择晚婚晚育[①]。即教育会通过推迟婚育时间、提高潜在经济实力、改变婚育观念等多个渠道影响个体婚育选择。基利（Keeley，1977）也指出教育会推迟两性结婚年龄，且会导致女性推迟得更多。

5.2.2　稳健性检验

为了确保基准估计结果的可靠性，我们从变量的测度方式、样本的选取规则以及估计方法等方面进行了稳健性检验。

首先，变换被解释变量。对于个体婚姻选择，我们利用个体婚姻状态（是否已婚）获得城市层面的已婚个体份额，再用该变量代替原被解释变量对城市出口技术复杂度进行回归，并且，考虑到适婚人口数量可能会对已婚份额产生影响，我们在估计时再控制了省份层面适婚人口数量（$\ln pop\_p$）这一变量。对于个体生育选择，我们以两种方式进行了检验，先是考察了城市出口技术复杂度提升对城市已育个体份额的影响，利用个体生育状态（是否生育）获得城市层面已育个体份额，以该变量代替原被解释变量对城市出口技术复杂度进行回归，估计时额外控制了可能会影响宏观城市层面已育个体份额的城市育龄期个体份额（$fershare$）和城市性别比（$sexratio$）这两个变量。再者，我们考察了城市出口技术结构升级对初育时间的影响。在中国，总体来说选择丁克的家庭仍然较少，生育意愿下降可能更多地表现为推迟生育时间。因此，我们考察了城市出口技术复杂度提升对个体生育第一胎的时间的影响。

其次，改变解释变量的测度方式。第一，采用技术复杂度的改进方法——人均收入指标法的衍生法对出口技术复杂度指标进行改进（李小平等，2021）。徐斌（Xu，2010）认为直接采用人均收入法以产品的

[①]　除以上三种效应以外，在中国的婚姻市场上，受教育水平的提升还可能会加剧婚配困难，导致婚育水平下降，这主要是因为中国女性存在的"向上婚"偏好。

RCA 指数为权重对人均 GDP 进行加权处理得到的技术复杂度忽略了同类产品的质量差异，可能会高估我国产品的技术复杂度，因此提出以产品的相对单位值作为产品质量的代理变量对式（5 - 2）中出口技术复杂度进行调整。具体方法如下：

$$prody_{pt}^{adj} = prody_p \times (\theta_{opt})^{\sigma} = prody_p \times \left[price_{opt} / \sum_o (\mu_{opt} \times price_{opt}) \right]^{\sigma}$$

$$(5 - 4)$$

其中，$prody_p$ 为根据式（5 - 2）采用人均收入指标法计算的产品技术复杂度。$\mu_{opt} = X_{opt} / \sum_o X_{opt}$，$X_{opt}$ 为第 t 年 o 国在 p 产品上的出口额；$\sum_o X_{opt}$ 为第 t 年世界在 p 产品上的出口额。$price_{opt}$ 为第 t 年 o 国出口 p 产品的价格。上标为质量调整参数，参考徐斌（Xu，2010），设定为 2/3。利用式（5 - 4）计算得到调整后的产品技术复杂度 $prody_{pt}^{adj}$，对各年数值求平均即可得到各产品唯一的调整后的技术复杂度 $prody_p^{adj}$。再采用与式（5 - 3）同样的方式计算得到城市层面调整后的出口技术复杂度，并用其代替原解释变量进行估计。

第二，参考拉尔（Lall，2000）对产品的划分，本章计算了城市出口中高技术产品的份额（techshare_a）来测度城市出口技术结构。拉尔（Lall，2000）依据产品的技术含量将国际贸易标准分类（standard international trade classification，SITC）3 位数产品划分为初级产品、资源型、低技术、中技术和高技术产品，本书借鉴该分类，计算了城市出口中高技术产品的份额用以测度城市出口技术结构[1]。第三，采用城市资本和技术密集型产品出口份额（techshare_b）来衡量城市出口技术结构（孙永强和巫和懋，2012；李荣林与姜茜，2010）[2]。第四，利用中国国家统计

---

[1] 具体分类见附录 3.1。

[2] 此处的资本和技术密集型产品与前文定义一致，为联合国国际贸易标准分类（standard international trade classification，SITC）中的第 5 类（化学成品及相关产品）和第 7 类（机械及运输设备）产品。

局颁布的《高技术产业（制造业）分类（2017）》，获得城市高技术产业的出口份额（techshare_c）用以衡量城市出口技术结构。①

再次，变换估计样本。当考察城市出口技术结构升级对于个体婚姻选择的影响时，我们做了以下分析：第一，剔除婚姻状态为离异、丧偶和再婚的样本，仅采用未婚和已婚（初婚）个体样本进行估计，即此时的被解释变量为：0 表示单身（仅包括单身未婚），1 表示已婚（仅包括初婚）。第二，仅保留处于初婚年龄阶段的个体样本，即仅采用 22～36 岁的男性个体和 20～34 岁的女性个体样本进行估计（孙炜红和谭远发，2015），用以考察城市出口技术复杂度提升对初婚年龄阶段个体的婚姻决策的影响。第三，仅保留法定婚龄以上、法定劳动年龄以内的有家庭——事业决策的劳动力个体，即 22～60 岁男性和 20～55 岁女性个体样本。第四，剔除流动人口样本（刘灿雷等，2022），出口技术结构升级可能会对不同技能和不同性别劳动力群体产生差异化的影响，可能会引致人口流动，为了排除这种情形，我们剔除了流动人口样本，以估计出口技术结构优化对本区域内个体婚姻选择的影响。第五，采用 CHIP 主线数据进行再估计，CHIP1999 和 CHIP2008 是补充调查问卷，前者仅包括对城镇居民的调查，后者是对 CHIP2007 的补充调查。因此，我们剔除了这两年的样本，即仅采用 2000 年、2007 年和 2013 年的数据进行重新估计。当考察城市出口技术结构升级对个体生育选择的影响时，我们进行了以下分析：第一，仅采用育龄期个体样本进行估计，参考凯勒和尤塔尔（Keller and Utar，2022）对育龄期的定义，仅保留了 37 岁以下女性和 46 岁以下男性样本进行估计。通常认为生育能力和年龄息息相关，超过育龄期则难以怀孕，且不同年龄段女性的生育意愿也大不相同。第二，仅保留已婚个体样本进行估计，在 20 世纪末 21 世纪初的中国，婚育观念仍然较为传统，婚内生育仍然是大趋势，因此我们利用已婚样本进行再分析。第

---

① 具体分类见附录 3.2。

三，仅保留夫妻双方均是初婚的样本，再婚个体不仅有可能已经超过育龄期，而且已经生养小孩，其生育选择较少受经济因素的影响。第四，考虑计划生育政策的影响，参考刘灿雷等（2022），剔除了1982年之前生育的个体样本，即剔除生育最后一孩的时间早于1982年的个体样本。中国于1980年全面启动"独生子女"政策，1982年计划生育作为基本国策被写入了宪法。考虑到这一政策效应，我们剔除了1982年之前生育的样本。

最后，变换估计方法。第一，采用定序Logit（Ologit）进行估计，基准估计中假定个体婚育选择服从逻辑概率分布，采用了离散选择Logit模型进行估计，此处，我们采用了定序Logit模型进行二次估计。通常认为未婚和已婚是并不涉及排序问题，但对于任何个体，其婚姻状态都必定是从未婚到已婚（或者一直未婚），已婚是比未婚更进一步的状态。同理，是否生育也是一个从"0"到"1"的过程。第二，我们假定个体婚育选择服从正态分布，利用Probit模型进行了再估计。第三，考虑到潜在的内生性问题，我们使用移动份额法构造了城市出口技术复杂度的Bartik工具变量（周茂等，2018；赵奎等，2021)[①]，并进行了估计。

表5-5展示了出口技术复杂度提升对个体婚姻选择影响的稳健性分析结果。显然，所有核心解释变量的估计系数均显著为负，表明个体结婚行为与城市出口技术含量提升负相关，即城市出口技术结构优化显著降低了个体结婚概率，会使得其结婚行为减少。表5-6报告了城市出口技术结构优化对个体生育选择影响的稳健性估计结果。结果显示，城市已育个体份额与出口技术复杂度负相关、个体初育年龄与出口技术复杂度正相关，变换估计样本、变换估计方法等的结果均表明个体生育表现与城市出口技术结构升级负相关，即城市出口技术复杂度提升会带来个体生育意愿下降，使得适龄群体中选择生育的个体减少，生育时间推迟、初育年龄提高。表5-5和表5-6的结果证实了城市出口技术复杂度提升显著降低了个体婚育概率，使得结婚和生育均下降。基准结果稳健。

---

① 城市出口技术复杂度的Bartik工具变量的构造过程见附录4。

表 5 − 5　　稳健性检验——个体婚姻选择

变量	(1) 已婚份额	(2) Prody_adj	(3) 拉尔(Lall, 2000)	(4) 资本和技术密集	(5) 高技术产业	(6) 未婚和初婚样本	(7) 初婚年龄	(8) 法定劳动年龄	(9) 剔除流动人口	(10) CHIP主线数据	(11) Ologit	(12) Probit	(13) Bartik
lncityprody	-0.0222* (-1.86)					-0.346* (-1.78)	-0.496** (-2.26)	-0.408** (-2.37)	-0.129* (-1.78)	-0.135* (-1.87)	-0.309** (-2.16)	-0.171** (-2.18)	-0.317** (-2.19)
lncityprody_adj		-0.340*** (-3.11)											
techshare_a			-0.136** (-2.07)										
techshare_b				-0.150** (-2.27)									
techshare_c					-0.174 (-0.49)								
_cons	0.846**** (454.19)	-12.27** (-2.57)	-7.239**** (-10.74)	-15.68**** (-5.26)	-16.83**** (-3.53)	-31.92**** (-4.84)	-46.50**** (-6.21)	-27.28**** (-4.80)	-15.33**** (-3.77)	-18.66**** (-4.07)	13.01*** (2.72)	-5.628** (-2.16)	-3.860*** (-2.63)
城市固定效应	是	是	是	是	是	是	是	是	是	是	是	是	是
年份固定效应	是	是	是	是	是	是	是	是	是	是	是	是	是
观察值	328	110963	111631	110245	107352	103954	34811	91376	98587	94193	110963	110963	110963

注：括号内为 t 统计量，****、***、** 和 * 分别表示回归系数在 0.1%、1%、5% 和 10% 的水平上显著。

表 5 - 6 　　稳健性检验——个体生育选择

变量	(1) 已育份额	(2) 初育年龄	(3) Prody_adj	(4) 拉尔(Lall, 2000)	(5) 资本和技术密集	(6) 高技术产业	(7) 育龄期	(8) 已婚样本	(9) 初婚样本	(10) 计划生育	(11) Ologit	(12) Probit	(13) Bartik
lncityprody	-0.0357 * (-1.94)	0.141 **** (18.72)					-0.206 **** (-29.68)	-0.101 **** (-16.10)	-0.102 **** (-16.12)	-0.123 **** (-21.18)	-0.0946 **** (-17.54)	-0.0512 **** (-16.69)	-0.0798 * (-1.90)
lncityprody_adj			-0.0861 **** (-27.54)										
techshare_a				-0.0287 **** (-4.45)									
techshare_b					-0.0500 **** (-7.76)								
techshare_c						-0.170 **** (-12.80)							
_cons	1.853 **** (8.50)	23.09 **** (294.65)	-9.068 **** (-214.67)	-7.798 **** (-309.73)	-9.595 **** (-384.14)	-9.404 **** (-331.81)	-16.85 **** (-234.28)	-3.484 **** (-53.88)	-3.474 **** (-53.70)	-14.00 **** (-235.12)	9.158 **** (168.62)	-5.400 **** (-174.50)	7.364 **** (17.21)
城市固定效应	是	是	是	是	是	是	是	是	是	是	是	是	是
年份固定效应	是	是	是	是	是	是	是	是	是	是	是	是	是
观察值	431	6798140	9642442	8945856	9508568	8789313	6386322	8300326	8293602	7517482	9642442	9642442	485

注：括号内为 t 统计量，****、***、** 和 * 分别表示回归系数在 0.1%、1%、5% 和 10% 的水平上显著。

5.2.3　分样本检验

上述分析证实了城市出口技术结构对个体婚育选择的平均效应是负向的，即城市出口技术复杂度提升会导致个体结婚和生育概率降低，婚育行为减少。本节将进行异质性分析，考察样本的地区特征和个体特征对估计结果的差异化影响。

（1）基于城市特征的分样本检验

首先，按照城市区位将样本分为东、中和西部地区。中国偌大的地域面积及跨度孕育了各地具有地方特色的产业内容及产业发展模式，加之政策的支持和引导，各个地区呈现出差异化的发展景象。东部地区工业化起步较早，市场化程度较高，产业体系相对完善，能够生产技术水平含量较高的产品，而偏远的西部地区尚处于工业化的起步阶段，产品技术含量较低，产业发展相对落后。图 5 - 4 展示了 1996～2015 年中国各区域平均出口技术复杂度随时间的变化趋势，显然，东中部地区增长更快。各区域差异化的经济发展水平和开放水平、产业结构造就了各地区个体差异化的就业和收入水平、受教育程度、社会观念等，深刻影响着个体的婚育观念和行为。于是，我们将样本划分了东、中、西部后进行了再检验。其次，按照城市经济发展水平进行分类，以城市人均 GDP 的中位数将样本划分为经济欠发达地区和经济发达地区。经济发展水平是技术复杂度提升的主要动力（黄先海等，2010；汪建新，2013），不同经济发展水平的地区其出口结构的现状、演变趋势、发展速度等均存在较大差异，这使得对劳动力的技能需求也不断变化，从而影响不同技能群体的就业、收入以及婚育观念和行为。于是，我们将样本划分为经济欠发达地区和经济发达地区进行了再分析。再次，根据城市产业发展状况进行分类，利用第三产业产值与第二产业产值之比来刻画城市的产业结构，比值大于中位数则认为该城市的服务业发展较好，反之制造业更加发达。产业结构在很大程度上决定了出口结构，二者相辅相成，相互促进。产业结构升级通常伴随着产业体系不断完善，极大地推动了出口技术结构优化和升级，影响着地区的经济发展和就业结构，从而影响个体的经济社会境况、婚育观念和行为。于是我们将样本划分为制造业更为发达的城市和服务业更为发达的城市进行了再估计。根据城市教育发展水平进行分类，利用城市教育支出占政府支出的比重的中位数进行划分，将样本分为教育事业欠发达和教育事业发达城市。城市教育支出份额越高则该地区的教育事业越发达、居民平均受教育水平越高，人力资本越高的城市通常而言城市创新能力越强、出口产品技术含量也越高。并且政府对教育的重视可有效提高教育的投资回报，使得个体更愿意进行教育投资，受教育水平的提升不仅使得个体的择偶窗口期相对缩短，也促进了其婚育观念的变迁。最后，根据城市外资参与度将样本分为外资参与度较低的城市和外资参与度较高的城市。城市外资参与程度不仅直接影响着出口技术结构，外资进入也会通过就业、工资等渠道间接对个体婚育选择造成影响。

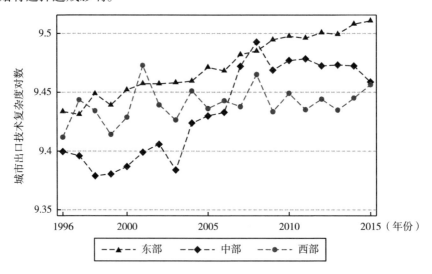

图5-4 东、中、西部地区出口技术复杂度随时间变化趋势

资料来源：笔者根据式（5-3）的计算结果绘制。

基于城市特征的分样本检验结果如表 5 - 7 和表 5 - 8 所示。表 5 - 7 展示了城市出口技术复杂度提升对个体婚姻选择影响的异质性分析结果。表 5 - 8 报告了城市出口技术复杂度增长对个体生育选择影响的异质性分析结果。根据结果显示，城市出口技术含量提升对个体婚育选择的负效应对于东中部地区、经济发达地区、服务业发展水平较高地区、教育支出较高地区以及外资参与程度较高地区的个体更为显著，表明城市出口技术复杂度提升会促使这些地区的个体的婚育概率下降得更多，选择结婚以及生育的个体变少。显然，基于城市特征的分样本检验结果具有较高的一致性。东部沿海地区平均而言外资参与程度更高、政策更加开放、经济发展水平更高、服务业更加发达且教育事业更发达。这类地区雄厚的经济基础、良好的营商环境、较高的人力资本水平有效促进了该地区出口技术结构快速升级，出口技术复杂度大幅提升会产生更加显著的教育提升效应，进而对该地区个体的婚育行为造成更大影响。此外，根据表 5 - 8，对于经济欠发达、教育落后、外资参与较低的西部地区，出口技术复杂度提升会对个体生育产生正效应，使得生育水平有所提升。我们认为可能由于这些地区经济发展不足，居民经济境况较差，出口技术含量的小幅度提升带来的教育扩张效应乃至产出效应会使得个体的经济社会境况有所改善但不多，从而增加生育。

（2）基于个体特征的分样本检验

首先，根据个体性别特征将样本分为男性和女性。生理差异、性别角色等使得婚育的成本和收益对于男性和女性存在较大差异。在"男性专注于市场活动、女性专注于家庭"的传统的以性别为基础的分工模式下，收入的增长往往会带来女性结婚和生育的成本的上升，导致婚育下降，相反却会带来男性结婚和生育的收益的上升，使得婚育提高。再者，城市出口技术结构演进对两性个体的劳动力市场产出的影响是非中性的，由于生育的成本更多地由女性承担，因此，我们预期出口技术结构优化

表 5 - 7　基于城市特征的分样本检验——个体婚姻选择

因变量为：marialstatus	城市区位			经济发展水平		产业结构		教育发展水平		外资参与度	
	(1)	(2)	(3)	(4)	(5)	(6)	(7)	(8)	(9)	(10)	(11)
	东	中	西	低	高	制造业	服务业	低	高	低	高
Incityprody	-0.264	-0.232*	-0.339	0.184	-0.348**	0.130	-0.686**	0.341	-0.102	0.378	-0.651**
	(-1.01)	(-1.93)	(-0.19)	(0.32)	(-1.97)	(0.24)	(-2.04)	(1.39)	(-0.63)	(0.84)	(-2.28)
_cons	-34.94***	-23.67**	-502.9	-46.04***	-3.414	-39.63***	-40.31****	-68.25****	-8.338	-65.91****	0.115
	(-3.15)	(-2.39)	(-0.86)	(-3.06)	(-1.41)	(-2.99)	(-4.13)	(-8.95)	(-0.81)	(-4.93)	(0.01)
城市固定效应	是	是	是	是	是	是	是	是	是	是	是
年份固定效应	是	是	是	是	是	是	是	是	是	是	是
观察值	49581	42077	12296	47314	56640	47452	56149	58698	45256	49793	54153

注：括号内为 t 统计量，****、***、** 和 * 分别表示回归系数数在 0.1%、1%、5% 和 10% 的水平上显著。

表 5 - 8　基于城市特征的分样本检验——个体生育选择

因变量为：child	城市区位			经济发展水平		产业结构		教育发展水平		外资参与度	
	(1)	(2)	(3)	(4)	(5)	(6)	(7)	(8)	(9)	(10)	(11)
	东	中	西	低	高	制造业	服务业	低	高	低	高
Incityprody	-0.320****	-0.0626****	0.300****	0.245****	-0.249****	-0.0666****	-0.118****	0.416****	-0.249****	0.175****	-0.192****
	(-26.68)	(-8.88)	(22.99)	(23.71)	(-37.37)	(-9.98)	(-12.81)	(36.17)	(-38.51)	(18.15)	(-27.65)
_cons	-5.370****	-10.48****	-13.82****	-14.01****	-5.059****	-8.984****	-9.298****	-16.22****	-6.182****	-13.29****	-5.645****
	(-46.71)	(-135.93)	(-101.44)	(-135.35)	(-73.11)	(-130.00)	(-102.66)	(-141.37)	(-93.95)	(-141.86)	(-79.44)
城市固定效应	是	是	是	是	是	是	是	是	是	是	是
年份固定效应	是	是	是	是	是	是	是	是	是	是	是
观察值	4314728	3572075	1755639	4696414	4946028	4879802	4762640	4592775	5049667	4855722	4786720

注：括号内为 t 统计量，****、***、** 和 * 分别表示回归系数数在 0.1%、1%、5% 和 10% 的水平上显著。

可能会对女性的婚育选择造成更大的影响。其次，根据个体受教育程度
将样本划分为小学、中学和大学样本。教育会通过婚育时间、婚育观念、
经济水平等影响个体婚育选择。一方面，较长的受教育时间通常意味着
较短的择偶窗口期，这直接导致了个体结婚和生育时间节点的推迟。并
且教育塑造着个体婚育观念，高学历个体往往更加崇尚婚恋自由和生育
自由，更有可能选择晚婚晚育。另一方面，教育是提升个体技能的重要
渠道，是决定个体经济状况的重要因素，高学历群体更有可能是高收入
群体。再者，城市出口技术水平的提升对不同学历个体的影响是不一样
的，出口技术复杂度的提升可能会提高技能门槛，增加对高学历、高技
能劳动力的需求，进而对这类群体的婚育选择产生更为显著的影响。基
于此，我们对不同学历个体样本进行了检验，并且预期出口技术复杂度
的提升可能会对中高学历个体产生更大影响。再次，根据个体年龄进行
分类。不同年龄段个体所处时代不同、经历的经济社会环境不同、经济
实力和社会地位不同，使得婚育观念和婚育行为存在较大差异。早些年
代的个体的婚育观念保守但经济实力较强，年青一代的婚育观念自由开
放但经济实力较弱。并且个体生育会受到生物钟限制的影响，即超过育
龄期之后较难孕育。考虑到结婚和生育对于年龄的考量不同，我们对于
样本的分类略有差异。对于个体婚姻选择，我们依据是否剩男剩女将处
于初婚年龄段的个体样本分为较低年龄组和较高年龄组样本，前者包括
20～27 岁的女性和 22～30 岁的男性个体样本，后者包括 28～34 岁的女
性和 31～36 岁的男性个体样本。① 对于个体生育选择，我们依据是否剩
男剩女将育龄期个体样本分为较低年龄组和较高年龄组样本，前者是指
20～27 岁的女性和 22～30 岁的男性个体样本，后者是指 28～36 岁的女
性和 31～45 岁的男性个体样本。从次，根据个体收入水平和就业状况进

---

① 考虑 CHIP 数据跨度为 1999～2013 年，我们还采用了另一划分方式，根据个体出生年代
将样本分为"60 后""70 后"和"80 后""90 后"，结果也显示出口技术含量提升会对"60
后""70 后"的年长个体的婚姻行为产生更大的影响。备索。

行分类。收入决定的经济状况是影响个体婚姻决策的重要因素，无收入群体可以通过婚姻来获得生活资料，这使得这类群体可能具有更强烈的结婚意愿，相比之下有独立收入来源更有助于减轻个体生活压力，提高其婚姻自主权。经济状况也是影响生育决策的重要因素，尤其对于女性而言，经济实力提升可能会提高其生育的机会成本，使得其生育表现不佳。进一步，出口技术结构升级对不同收入状况个体的影响也是不一样的，显然，出口技术复杂度提升引起的教育扩张以及产出变化对于市场活动的参与者即有工作的个体显然是更加显著的。由于 CHIP 数据和 IPUMS 数据提供的关于个体就业和收入的信息是不一致的，对于个体婚姻选择的分样本检验，我们采用 CHIP 数据提供的个体收入信息，利用个体全年收入这一变量并依据其中位数将样本分为低收入（包括零收入个体）和高收入个体样本。对于个体生育选择的分样本检验，我们采用 IPUMS 数据提供的个体就业的相关信息，将样本分为有工作的个体和没有工作的个体样本。采用这一分类可以观测城市出口技术结构变化对不同收入状况群体结婚和生育选择的差异化影响。最后，根据户口类型将样本划分为农业户口和非农户口样本。① 非农个体和农业个体在从事职业、收入水平、受教育程度、婚姻观念等方面均存在较大差异，非农个体更多从事市场活动，平均而言技能水平更高、婚育观念也更加开放。由于受市场因素影响较多，相比于从事农业生产的农户，出口技术结构变迁可能会对其造成更大影响。值得注意的是 IPUMS 数据关于个体户口相关信息仅在 2000 年有统计。

　　表 5-9 和表 5-10 展示了基于个体特征的分样本检验结果。表 5-9 为城市出口技术复杂度提升对个体婚姻选择影响的分样本估计结果。表 5-10

---

① 根据 CHIP 数据提供的信息，我们还采用了另一种分类方式：城镇、农村和流动人口样本，估计结果也表明城市出口技术复杂度提升会导致城镇个体更大程度地降低结婚意愿，减少结婚行为。备索。

表5-9　基于个体特征的分样本检验——个体婚姻选择

因变量为：maritalstatus	性别		受教育水平			年龄		收入		户籍	
	(1)	(2)	(3)	(4)	(5)	(6)	(7)	(8)	(9)	(10)	(11)
	男	女	小学	中学	大专及以上	低	高	低	高	非农	农业个体
lncityprody	-0.226*	-0.335**	0.530	-0.00945	-1.239**	-0.228*	-0.533*	-0.821**	-1.228**	-0.741*	-0.0731
	(-1.92)	(-2.27)	(0.53)	(-0.04)	(-2.52)	(-1.99)	(-1.71)	(-2.38)	(-2.66)	(-1.80)	(-0.19)
_cons	-29.22****	-45.30****	-37.50	-34.55****	-37.13*	-47.62****	-81.16****	-22.75*	-22.60*	-28.80**	-44.58****
	(-4.39)	(-5.61)	(-1.36)	(-3.85)	(-2.50)	(-6.76)	(-5.26)	(-1.73)	(-1.65)	(-2.44)	(-3.55)
城市固定效应	是	是	是	是	是	是	是	是	是	是	是
年份固定效应	是	是	是	是	是	是	是	是	是	是	是
观察值	52546	51408	22539	65126	15236	20011	14130	40522	32515	39881	46299

注：括号内为t统计量，****、***、**和*分别表示回归系数在0.1%、1%、5%和10%的水平上显著。

表5-10　基于个体特征的分样本检验——个体生育选择

因变量为：child	性别		受教育水平			年龄		是否就业		户籍	
	(1)	(2)	(3)	(4)	(5)	(6)	(7)	(8)	(9)	(10)	(11)
	男	女	小学	中学	大专及以上	低	高	无就业	就业	农村	城镇
lncityprody	0.0970****	-0.0733****	0.0505****	-0.111****	-0.0501	-0.206****	-0.219****	0.0676****	-0.123****	0.0248***	-0.0693****
	(12.77)	(-8.39)	(7.48)	(-9.12)	(-1.33)	(-21.43)	(-20.19)	(5.59)	(-20.61)	(3.00)	(-7.16)
_cons	-10.41****	-12.88****	-11.14****	-12.93****	-15.73****	-29.58****	-9.622****	-8.816****	-9.117****	-10.03****	-8.245****
	(-127.71)	(-146.00)	(-154.44)	(-104.75)	(-39.66)	(-191.30)	(-61.62)	(-69.36)	(-151.79)	(-104.93)	(-80.50)
城市固定效应	是	是	是	是	是	是	是	是	是	是	是
年份固定效应	是	是	是	是	是	是	是	是	是	是	是
观察值	4931629	4710813	7974134	1562504	105804	2826487	3559835	1077385	8565057	3970835	1381537

注：括号内为t统计量，****、***、**和*分别表示回归系数在0.1%、1%、5%和10%的水平上显著。

报告了城市出口技术复杂度提升对个体生育选择影响的分样本检验结果。可以看出，出口技术复杂度提升对个体婚育选择的负向影响对于女性、高收入、中高学历、城镇、高龄个体更为显著，会使得这类群体更大程度地减少结婚和生育。形成这一现象的原因可能在于：城市出口技术结构升级拔高了就业的技能门槛，促进了个体教育投资，受教育水平的提升会导致个体婚育下降。再者，出口技术含量提升扩大了对高学历、高技能个体的劳动需求，从而对其婚育行为产生了更大的影响。

(5.3) 影响机制检验

本节继续探索城市出口技术含量提升引致个体婚育表现不佳的作用渠道。本书认为出口技术结构优化会产生教育提升效应。具体而言，城市出口技术复杂度提升会通过促进个体教育投资和受教育水平提升最终使得个体结婚和生育意愿下降、婚育行为减少。

城市出口技术结构优化推动了资本与技术密集型产品的出口，使得就业技能门槛提升，直接提高了对高技能劳动力的需求（孙永强和巫和懋，2012），有助于改善高技能群体的就业和收入境况，同时提高了教育的预期收益，有效促进了个体人力资本投资，使得个体受教育水平提升。由于女性初始的平均受教育水平更低、教育回报率更高，[1] 因此，出口技术结构优化使得女性获得了相对于以往更多的受教育机会，两性个体的受教育水平均得以提升。根据 CHIP 数据，从 1999 ~ 2013 年，

---

[1] 黄志岭和姚先国（2009）、多尔蒂（Dougherty，2005）、陈晓华和刘慧（2015）指出，高等教育不仅能提升经济体自身劳动力的素质，还能帮助女性有效抵制市场中的就业歧视，同时提高女性在传统职业外寻求工作的能力和意愿。教育程度的提高对女性来讲，除了与男性一样具有直接增加生产力、提高工资的作用外，还可通过降低女性在劳动力市场中受到的歧视程度，间接增加工资。正是由于教育对女性这一间接作用，使女性的教育回报率高于男性。

城镇男性样本中大专及以上学历个体的占比从 30.09% 涨至 31.45%，城镇女性样本中大专及以上学历个体的占比从 18.43% 涨至 25.76%，不管是对于男性还是女性，其中的高学历群体都呈不断壮大趋势，表明城市技能构成朝着高技能方向发展。我们首先考察了城市各学历群体份额与出口技术复杂度的相关关系，如图 5-5 所示。城市出口技术复杂度与高中学历份额和大专及以上学历群体份额显著正相关，意味着出口技术复杂度提升有助于人力资本投资，从而提高宏观城市层面的高学历个体份额。进一步地，我们利用 CHIP 数据实证检验了出口技术复杂度提升对个体受教育水平以及宏观城市各学历层次群体份额的影响。结果见表 5-11[①]。第（1）列至第（3）列分别以个体受教育年限、个体是否高中及以上学历（0 表示高中以下学历，1 表示高中及以上学历）和个体是否大专及以上学历（0 表示大专以下学历，1 表示大专及以上学历）为被解释变量，考察了城市出口技术复杂度对个体受教育水平的影响[②]。第（4）列至第（6）列分别以城市初中及以下学历个体份额、高中学历个体份额和大专及以上学历个体份额为被解释变量，考察了城市出口技术复杂度对不同学历群体份额的影响。显然，城市出口技术复杂度提升有效促进了个体教育投资，提高了个体受教育水平，壮大了城市高中及以上学历群体。

---

① 考虑到城市出口技术复杂度与人力资本投资之间潜在的内生性问题，我们采用城市出口技术复杂度的 Bartik 工具变量对该机制进行了再次检验，结果一致（见附录5）。此外，我们还利用 CGSS 数据对这一渠道进行了检验，结果一致。

② 我们还考察了出口技术结构升级对男性个体和女性个体教育投资的差异化影响，发现出口技术复杂度提升对男性受教育水平的提升效应主要体现在它只提高了男性接受大专及以上教育的概率，而对女性受教育水平的提升效应主要体现在它提高了女性接受高中及以上教育的概率。我们进一步分析了城市女性群体的学历构成情况，发现出口技术结构升级提高了城市女性群体中的高中和大专及以上学历个体的份额，减少了小学学历个体份额。

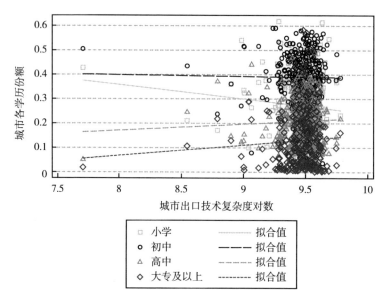

图 5 - 5　城市各学历份额与城市出口技术复杂度的相关关系
资料来源：笔者根据式（5 - 3）的计算结果和 CHIP 数据绘制。

进一步地，受教育水平的提升可能会对个体婚育选择产生负向影响，使得结婚和生育均下降。具体而言，受教育时间的延长一方面直接推迟了个体身份转变的时点，致使两性个体婚育时间均推迟，在校身份（学生）和妻子/丈夫的角色不兼容使得受过高等教育的个体更有可能推迟婚育的时间。另一方面长期处于受教育体系也压缩了个体的择偶窗口期，提高了其婚配的困难程度。再者，教育塑造了个体的性别认知观念和婚育观念，家庭中丈夫收入应多于妻子、男主外女主内的性别认同观念逐渐遭到摒弃，个体对于自身婚姻具有更大的自主权利，可能会导致结婚意愿下降。受教育程度提高会带来节育知识增加以及生育观念改变，传宗接代、养儿防老的传统观念逐渐淡漠，个体生育意愿下降，生育减少。表 5 - 12 利用 CGSS 数据统计了 2010 年、2012 年、2013 年和 2015 年不同学历个体的性别认知观念和意愿生育数量，前者采用不同学历样本中不认可男主外女主内观念的样本份额来衡量（第（1）列），后者采用不同学历样本中意愿生育数量为 1 个及以下和 3 个及以上的样本份额来衡量（第（2）列和第（3）列）。可以看出，相比于高中及以下学历样本，大专及以上学历个体样本更加不认可男主外女主内的传统性别分工观念，并且愿意生育 1 个及以下小孩的个体更多、愿意生育 3 个及以上小孩的个体更少[①]。此外，在人力资本市场，高学历个体平均而言更有可能是高技能个体，即受教育水平的提高可有效提升个体技能水平，促进两性个体经济状况改善，减少对婚姻、家庭的依赖，提高个体的婚育主动权。综上所述，受教育水平的提升会导致两性个体的结婚和生育意愿降低，婚育表现不佳。因此，假说 2b 有效。

表 5 - 11　　　　　　　出口技术结构与教育

变量	受教育水平			城市各学历个体份额		
	（1）	（2）	（3）	（4）	（5）	（6）
	受教育年限	高中	大专及以上	初中及以下	高中	大专及以上
lncityprody	0.441 ****	0.422 ****	0.473 ****	− 0.115 *	0.0711 *	0.0839 **
	（3.70）	（4.46）	（3.78）	（− 1.94）	（1.96）	（2.58）
_cons	21.33 ****	− 0.438	4.615 **	2.601 ****	− 0.792 **	− 1.108 ***
	（12.30）	（− 0.31）	（2.36）	（4.29）	（− 2.20）	（− 2.73）
城市固定效应	是	是	是	是	是	是
年份固定效应	是	是	是	是	是	是
观察值	107674	111307	111099	285	306	316

注：括号内为 t 统计量，****、***、** 和 * 分别表示回归系数在 0.1%、1%、5% 和 10% 的水平上显著。

---

① 以 2015 年为例，高中及以下学历样本中不认可男主外女主内观念的样本份额为 36.93%，但大专及以上学历样本中的这一份额达到 62.24%；高中及以下学历样本中仅有 16.54% 的个体的意愿生育数量为 1 个及以下，而大专及以上学历样本中有 25.47% 的个体愿意生育 1 个及以下小孩；高中及以下学历样本中有 19.87% 的个体的意愿生育数量在 3 个及以上，但大专及以上学历样本中仅有 5.48% 的个体愿意生育 3 个及以上小孩。

表 5 – 12　　　　　　　　　　教育与性别认知观念和意愿生育数量　　　　　　　单位：%

年份	(1)		(2)		(3)	
	不认可男主外女主内		意愿生育数量为 1 个及以下		意愿生育数量为 3 个及以上	
	高中及以下学历	大专及以上学历	高中及以下学历	大专及以上学历	高中及以下学历	大专及以上学历
2010	29.61	56.83	22.91	32.14	19.39	5.93
2012	32.10	55.55	20.35	28.46	17.46	6.64
2013	36.30	58.09	19.72	30.93	19.20	5.75
2015	36.93	62.24	16.54	25.47	19.87	5.48

5.4　小结

　　本章考察了城市出口贸易开放的第二个层面——出口技术结构优化，采用城市出口技术复杂度测度，对个体婚育选择的影响。基于 CHIP 数据对个体婚姻选择的考察结果、基于 IPUMS 数据对个体生育选择的考察结果表明城市出口技术复杂度提升会对个体婚育表现产生负向影响，使得结婚和生育概率均下降，个体婚育行为减少。具体而言，出口技术复杂度提升带来个体结婚和生育概率下降的效应对于经济发达、服务业发达、教育发展水平较高、外资参与程度较高的东中部地区的个体，对于年龄较长的、高收入高学历的、城镇女性个体更加显著。机制分析的结果表明，城市出口技术复杂度提升有助于促进人力资本投资，提高个体受教育水平乃至城市的人力资本水平，受教育程度的提升再通过延迟婚育时点、改变婚育观念、提升个体经济实力等渠道降低个体结婚和生育意愿，使得个体结婚和生育表现欠佳。

第6章

城市出口服务化对个体婚育
选择的影响研究

6.1 实证检验策略

6.1.1 计量模型设定

本章继续考察城市出口服务化水平提升对个体结婚和生育选择的影响，采用如下 Logit 模型进行估计：

$$\ln\left[\frac{P(Y_{cti}=1|X_i)}{P(Y_{cti}=0|X_i)}\right]=\beta_0+\beta_1 servitization_{ct}+\gamma X+\mu_c+\gamma_t+\varepsilon_{cti} \quad (6-1)$$

同样地，下标 c、t、i 分别为城市、年份和个体，Y_{cti} 为第 t 年城市 c 个体 i 的婚姻状况和生育状况。$servitization_{ct}$ 为第 t 年城市 c 的出口服务化程度。X 为控制变量。μ_c 和 γ_t 分别为城市固定效应和年份固定效应。ε_{cti} 为误差项。

6.1.2 变量和指标

（1）被解释变量

与前面一致，本章仍然关注个体婚姻状况（$maritalstatus_{cti}$）和个体生育状况（$child_{cti}$），前者采用个体是否有合法伴侣来衡量，后者采用个体是否已经生育来测度，均为二分类变量，章节 3.1.2 和章节 3.2.2 已对此进行过详细说明，不再赘述。

（2）核心解释变量：城市出口服务化（$servitization_{ct}$）

制造业出口服务化不仅有利于提升制造业行业的劳动效率，也能够促进服务业的发展。服务化水平的测度可从投入和产出两个角度进行。前者主要从要素投入角度，运用投入产出法中的直接消耗系数法和完全消耗系数法来测算制造业投入服务化程度（Lay，2010；顾乃华和夏杰长，2010；刘斌等，2016；刘斌和赵晓斐，2020；袁征宇等，2020）。后者主要是指从产出角度，采用产出服务化系数这一指标来衡量制造业产出服务化程度（黄群慧和霍景东，2014；刁莉和朱琦，2018；秦光远等，2020）。

基准估计中我们使用了从产出角度测算的产出服务化系数指标来衡量服务化水平，并计算了直接消耗系数和完全消耗系数用于稳健性分析。产出服务化系数指的是在某个制造业部门的生产中，服务产品的产出总量占该部门总产出的比重，其计算公式为：

$$servitization_{mt} = \frac{\sum E_{mt}^{s}}{\sum F_{mt}} \qquad (6-2)$$

其中，$servitization_{mt}$ 为第 t 年制造业 m 部门的产出服务化系数，$\sum E_{mt}^{s}$ 为第

t 年制造业 m 部门提供的 s 服务产品的总量，$\sum F_{mt}$ 为第 t 年制造业 m 部门的总产出。

然后，以城市—行业出口额占城市出口额的比重为权重，将部门层面（转化为行业）的服务化系数加总到城市，即可获得城市层面的出口服务化指数。

$$servitization_{ct} = \sum_{ct} \left(\frac{x_{ckt}}{x_{ct}}\right) servitization_{kt} \qquad (6-3)$$

其中，$servitization_{ct}$ 为第 t 年城市 c 的出口服务化水平，$\frac{x_{ckt}}{x_{ct}}$ 为第 t 年城市 c 行业 k 的出口额占第 t 年城市 c 总出口额的比重，$servitization_{kt}$ 为第 t 年行业 k 的出口服务化系数。

首先，根据式（6-2），利用 OECD 提供的国际投入产出表（ICIO）数据计算中国各年每种 OECD-TiVA 行业的服务化指数，再根据 OECD-TiVA 提供的 OECD-TiVA 行业和国际标准产业分类（ISIC_Rev. 4）的对应表[1] 获得各年份每种 ISIC_Rev. 4 两位数行业的服务化指数。其次，利用中国海关进出口统计数据获得各城市各年份每种 HS1992 六位数产品的出口额，并利用 HS1992 六位数代码和 ISIC_Rev. 3.1 四位数代码的对应表、ISIC_Rev. 3.1 四位数代码和 ISIC_Rev. 4 四位数代码的对应表，获得城市各年份每种 HS1992 六位数产品对应的 ISIC_Rev. 4 四位数行业，再将城市 ISIC_Rev. 4 四位数行业的出口额加总至 ISIC_Rev. 4 两位数行业，获得城市 ISIC_Rev. 4 两位数行业的出口额。最后，以年份和 ISIC_Rev. 4 两位数行业为关键词将城市 ISIC_Rev. 4 两位数行业出口额数据和各年份每种 ISIC_Rev. 4 两位数行业的服务化指数数据合并，利用式（6-3），以城市 ISIC_Rev. 4 两位数行业的出口额占城市总出口的比重为权重，将行业服

---

① 笔者根据"Guide to OECD TiVA Indicators, 2021"整理，整理后的对应表备索。OECD-TiVA 指标说明：https://www.oecd-ilibrary.org/science-and-technology/guide-to-oecd-tiva-indicators-2021-edition_58aa22b1-en。

务化指数加总至城市，获得城市层面的出口服务化水平指数。图 6-1 展示了 1996~2015 年中国城市的平均出口服务化水平，总体呈向上变动趋势。

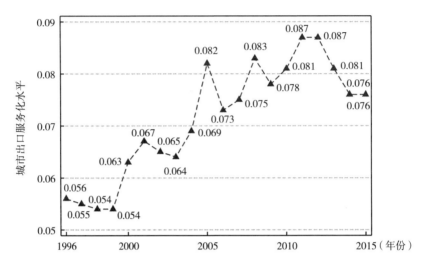

图 6-1　城市出口服务化水平随时间变化趋势

资料来源：笔者根据式（6-3）的计算结果绘制。

（3）控制变量

为了准确地估计城市出口服务化水平提升对个体婚育选择的影响，我们将对以下两类因素进行控制，一是除城市出口服务化以外的其他可能会影响个体婚育表现的因素，二是会通过影响城市出口服务化进程进而影响个体婚育选择的因素。

考虑到个体婚姻状况和个体生育状况分别来自 CHIP 数据和 IPUMS 数据，两个数据库所提供的变量有些许差异，因此，控制变量的选取也略有不同。当被解释变量为个体婚姻状况——考察城市出口服务化对个体婚姻选择的影响时，我们加入了会直接影响个体婚姻选择的因素以及可能会通过城市出口服务化进程进而影响个体婚姻选择的因素，包括个体层面的年龄（age）及其平方项（agesq）、性别（sex）、民族（minority）、户籍（*surveytype*）、受教育水平（*education*），城市层面的进口增长（lnci-*tyimpd*）、经济发展水平（*lnpergdp*）、产业结构（*indstr_employ*）、就业水平（*emprate*）、教育发展水平（*edulevel*）和人口密度（*lnpopden*），省份层面的性别比（*sexratio_p*）、房价水平（*lnresidprice_p*）、居民消费价格指数（*cpi_p*）和交通发展水平（*railway_p*）。上述变量与章节4.1.2中的控制变量一致，不再赘述。此外，本章我们还控制了城市科研发展水平（*scilevel*）和省份制度水平（*market_p*），前者采用城市研发支出占政府支出的比重来测度，用以衡量城市创新能力，创新能力是推进出口服务化的重要动力，后者采用樊纲、王小鲁和朱恒鹏主编的"中国市场化指数"指标来测度（王小鲁等，2019；孙楚仁等，2018），用以考察省份的营商环境（审批制度、金融约束、税收优惠、市场准入等）造就的交易成本对出口服务化过程的重要影响（黄群慧和霍景东，2014），该指标的范围为0~12，取值越大表示省份制度越完善。我们认为，研发水平和制度水平可能会通过影响出口服务化进程从而作用于个体婚姻选择。

当被解释变量为个体生育状况——考察城市出口服务化对个体生育选择的影响时，由于数据的可获得性，我们采用了与章节4.1.2中相同的控制变量，包括微观个体层面的年龄（*age*）及其平方项（*agesq*）、性别（*sex*）、民族（*minority*）、受教育水平（*edattain*）和就业状况（*occ_emp*），宏观城市层面的进口增长（lncityimpd）、经济发展水平（lnperg-dp）、产业结构（*indstr_employ*）、就业水平（*occshare*）和教育发展水平（*secshare*）。

同样地，考虑到本章控制变量与章节4.1.2重复较多，就不再展示各变量的含义及其测算方式，仅对其描述性统计特征进行总结。表6-1和表6-2分别基于CHIP数据和IPUMS数据展示了用于个体婚姻选择和个体生育选择估计时需要用到的变量的描述性统计特征。

表 6 - 1　　　　　　　　　描述性统计—CHIP

变量	观测值	均值	标准差	最小值	最大值
maritalstatus	141221	0.84	0.37	0	1
yihunshare	141221	0.84	0.04	0.69	0.95
servitization	141221	0.09	0.04	0	0.29
servitization_direct	141221	0.08	0.02	0	0.14
servitization_complete	141221	0.28	0.08	0.01	0.46
servitization_direct_p	141221	1.78	0.50	0.54	2.60
servitization_complete_p	141221	6.13	1.77	1.63	8.95
servitization_p	141221	1.97	0.72	0.16	3.27
age	139947	44.03	14.57	20	102
sex	141221	1.50	0.50	1	2
education	120101	3.46	1.51	1	7
minority	141129	1.03	0.17	1	2
surveytype	141221	1.75	0.61	1	3
lncityimpd	141221	8.06	0.57	4.03	9.68
lnpergdp	139580	10.48	0.87	8.19	13.05
indstr_employ	139580	1.14	0.61	0.22	5.31
emprate	139232	0.21	0.12	0.03	0.92
edulevel	139580	0.18	0.05	0.05	0.36
lnpopden	139580	6.95	0.73	4.32	8.57
sexratio_p	141221	103.11	3	95.07	110.84
lnresidprice_p	141221	8.05	0.54	6.81	9.04
cpi_p	141221	103.05	2.60	96.90	107
railway_p	141221	0.29	0.10	0.09	0.51
lnpop_p	141221	10.69	0.33	9.67	11.11
scilevel	139580	0.02	0.01	0	0.08
market_p	141221	7.52	2.21	3.05	11.39

表 6 - 2   描述性统计—IPUMS

变量	观测值	均值	标准差	最小值	最大值
child	10847270	0.75	0.43	0	1
servitization	10735234	0.06	0.04	0	0.26
servitization_direct	10735234	0.07	0.03	0	0.15
servitization_complete	10735234	0.24	0.10	0	0.51
servitization_direct_p	10735234	1.26	0.48	0.03	2.12
servitization_complete_p	10735234	4.10	1.55	0.10	6.89
servitization_p	10735234	1.17	0.64	0.02	2.52
age	10847270	36.40	10.33	20	60
sex	10847270	1.49	0.50	1	2
edattain	10847270	2.01	0.61	1	4
minority	10845599	1.05	0.21	1	2
occ_emp	10847270	0.89	0.31	0	1
lncityimpd	10808481	7.84	1.08	0.25	11.06
lnpergdp	10329086	9.12	0.74	7.42	11.80
indstr_employ	10329086	1.02	0.50	0.18	5.73
occshare	10847270	0.89	0.07	0.62	0.98
secshare	10847270	0.17	0.08	0.01	0.59
sexratio	10847270	1.05	0.07	0.87	1.52
fershare	10847270	0.66	0.05	0.52	0.90

6.2　实证结果分析

与前面论述一样，考虑到本书所关注的两个被解释变量——个体婚姻状况和个体生育状况分别来自 CHIP 数据库和 IPUMS 数据库，二者所提供的变量指标差异较大，我们将对实证估计结果进行分别展示。

6.2.1 基准估计结果

首先，图6-2基于CHIP数据描绘了城市已婚个体份额与城市出口服务化水平之间的相关关系，图6-3基于IPUMS数据展示了城市已育个体份额与城市出口服务化水平之间的相关关系。显然，城市已婚个体份额和已育个体份额均与城市出口服务化水平负相关，意味着城市出口服务化水平提升可能会降低个体婚育概率，从而降低城市总体结婚水平和生育水平。

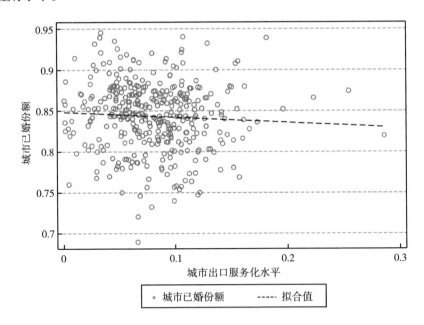

图6-2 城市已婚个体份额与城市出口服务化水平的相关关系

资料来源：笔者根据式（6-3）的计算结果和CHIP数据绘制。

其次，基于CHIP数据和IPUMS数据，我们对上述直观结果进行了实证检验。表6-3报告了城市出口服务化对个体婚姻表现影响的估计结果。所有估计中均控制了地区固定效应和年份固定效应。第（1）列为仅采用个体是否已婚这一个二分类变量对城市出口服务化水平进行回归的结果。第（2）列加入了个体层面控制变量：年龄、年龄的平方项、性别、民族、户籍、受教育水平，用以排除个体特征对其婚姻决策的影响。第（3）列继续控制了个体所在城市的宏观经济变量：进口增长、经济发展水平、产业结构、就业水平、教育发展水平、人口密度以及科研发展水平，第（4）列最后加入了省份层面的控制变量：性别比、房价、居民消费物价指数、交通发展水平以及市场化指数，城市和省份层面变量的加入可有效控制宏观经济社会环境对估计结果的扰动。根据表6－3，核心解释变量的估计系数均显著为负，表明城市出口服务化水平提升会促使个体结婚概率下降，使适婚群体中结婚的人数减少，未婚群体不断扩大。通过计算平均边际效应可得，城市出口服务化水平每提高 1 个单位，个体已婚的概率减少 11.87%。

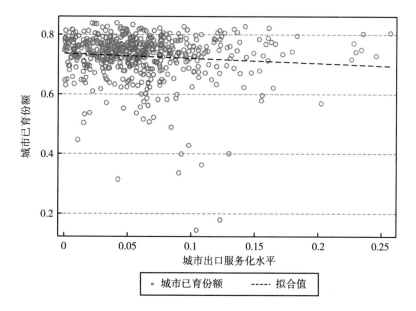

图 6－3　城市已育个体份额与城市出口服务化水平的相关关系
资料来源：笔者根据式（6－3）的计算结果和 IPUMS 数据绘制。

表 6 - 3　　　　　　　基准估计结果——个体婚姻选择

因变量为：marialstatus	（1）	（2）	（3）	（4）
servitization	- 0. 829 * （ - 1. 74）	- 0. 818 （ - 1. 42）	- 1. 041 * （ - 1. 73）	- 1. 364 ** （ - 2. 12）
age		0. 552 **** （126. 38）	0. 551 **** （125. 40）	0. 551 **** （125. 39）
agesq		- 0. 00539 **** （ - 118. 39）	- 0. 00539 **** （ - 117. 46）	- 0. 00539 **** （ - 117. 44）
sex		0. 172 **** （8. 76）	0. 174 **** （8. 77）	0. 173 **** （8. 74）
minority		- 0. 0156 （ - 0. 23）	- 0. 0385 （ - 0. 57）	- 0. 0343 （ - 0. 50）
surveytype		0. 107 **** （6. 38）	0. 110 **** （6. 50）	0. 109 **** （6. 46）
education		- 0. 0276 **** （ - 3. 61）	- 0. 0286 **** （ - 3. 69）	- 0. 0284 **** （ - 3. 67）
lncityimpd			- 0. 0897 （ - 1. 15）	- 0. 0483 （ - 0. 60）
lnpergdp			- 0. 0592 （ - 0. 45）	- 0. 0945 （ - 0. 69）
indstr_employ			0. 234 **** （4. 11）	0. 251 **** （4. 26）
emprate			0. 187 （0. 72）	0. 413 （1. 44）
edulevel			1. 909 **** （3. 67）	2. 414 **** （4. 26）
lnpopden			0. 0201 （0. 33）	0. 0659 （1. 03）
scilevel			2. 899 （1. 44）	1. 540 （0. 70）
sexratio_p				- 0. 0231 * （ - 1. 82）

续表

因变量为：$maritalstatus$	（1）	（2）	（3）	（4）
$lnresidprice\_p$				0.390 * （1.84）
cpi_p				0.0231 （0.61）
$railway\_p$				3.900 **** （4.01）
$market\_p$				−0.113 ** （−2.07）
$\_cons$	2.459 **** （18.54）	−10.04 **** （−41.99）	−9.673 **** （−6.65）	−14.23 *** （−2.97）
城市固定效应	是	是	是	是
年份固定效应	是	是	是	是
观察值	141221	119614	117633	117633

注：括号内为 t 统计量，****、***、** 和 * 分别表示回归系数在 0.1%、1%、5% 和 10%的水平上显著。

表6-4 继续展示了城市出口服务化影响个体生育表现的基准估计结果。所有估计均控制了地区和年份固定效应。同样地，采用逐步加入控制变量的方式进行回归。第（1）列仅采用个体是否生育对城市出口服务化水平进行回归，不加入任何控制变量。第（2）列利用 IPUMS 数据提供的个体层面信息加入了个体的特征变量：年龄、年龄的平方项、性别、民族和受教育水平。第（3）列最后控制了个体所在城市的宏观经济变量：进口增长、经济发展水平、产业结构、就业水平和教育发展水平。如表6-4 的结果所示，城市出口服务化水平的估计系数在所有回归中均显著为负，即个体生育表现与城市出口服务化程度负相关，表明城市出口服务化进程加深可能会导致个体生育概率下降，使生育减少。计算边际效应可知，城市出口服务化水平每增加 1 个单位，生育概率将下降3.64%。

表 6 - 4 　　　　　　　　 基准估计结果——个体生育选择

因变量为：child	（1）	（2）	（3）
servitization	- 0. 730 **** （ - 21. 94）	- 0. 452 **** （ - 12. 10）	- 0. 258 **** （ - 6. 51）
age		0. 736 **** （1200. 37）	0. 737 **** （1172. 71）
agesq		- 0. 00890 **** （ - 1125. 75）	- 0. 00891 **** （ - 1100. 20）
sex		0. 599 **** （340. 85）	0. 590 **** （328. 48）
minority		0. 104 **** （22. 97）	0. 103 **** （21. 88）
edattain		- 0. 206 **** （ - 134. 54）	- 0. 201 **** （ - 128. 04）
occ_emp		0. 207 **** （73. 55）	0. 197 **** （68. 54）
lncityimpd			- 0. 0671 **** （ - 40. 78）
lnpergdp			- 0. 163 **** （ - 22. 36）
indstr_employ			- 0. 0311 **** （ - 6. 91）
occshare			0. 933 **** （22. 32）
secshare			- 2. 010 **** （ - 40. 90）
_cons	1. 483 **** （180. 43）	- 12. 87 **** （ - 825. 89）	- 11. 26 **** （ - 139. 87）
城市固定效应	是	是	是
年份固定效应	是	是	是
观察值	10735234	10733572	10201317

注：括号内为 t 统计量，****、***、** 和 * 分别表示回归系数在 0. 1%、1%、5% 和 10% 的水平上显著。

综合表6-3和表6-4的结果，城市出口服务化水平提升会对个体婚育表现产生负效应，服务化水平提升会使个体婚育概率下降，结婚和生育均减少。假说3a成立。本书认为，产生这一负效应的主要诱导因素在于城市出口服务化水平提升促进了个体就业以及收入水平提升，尤其是女性群体。一方面，服务化程度加深促进了制造业转型升级，会产生就业创造效应，使对劳动力的需求增加，提高了总体就业和收入水平，另一方面，服务化过程往往伴随着生产专业化以及产业体系的完善，企业内部以及行业间的分工深化衍生出了较多适合女性的工作岗位，从而提高了对女性劳动力的需求，提升了女性就业和收入水平。进一步地，两性个体经济境况的改善有助于提高对婚姻和生育的自主把控权，女性经济境况的改善可能会增加其结婚和生育的机会成本，可能会导致其婚育意愿下降，减少结婚和生育行为。

6.2.2　稳健性检验

在上一节中，我们已经基本证实了个体婚育表现与城市出口服务化水平负相关，出口服务化程度加深会导致个体婚育意愿下降，婚育表现不佳。本节将通过变换被解释变量与解释变量、改变估计样本和估计方法等渠道进一步论证基准估计结果的稳健性。

首先，变换被解释变量。当采用 CHIP 数据考察城市出口服务化对个体婚姻选择的影响时，此处利用个体层面婚姻状况获得个体所在城市的已婚份额，再采用城市层面的已婚份额对城市出口服务化水平进行回归。考虑到宏观层面适婚人口数量可能会影响城市已婚个体份额，我们在估计时控制了省份适婚人口数量（$\ln pop\_p$）。当采用 IPUMS 数据考察城市出口服务化水平对个体生育选择的影响时，我们先评估了城市出口服务化对城市已育个体份额的影响。利用个体生育状态（是否生育）

获得城市层面已育个体份额，并利用其对城市出口服务化水平进行回归，考虑到被解释变量从个体层面是否生育变为城市层面的已育个体份额，我们额外控制了可能会影响城市已育个体份额的城市育龄期个体份额（*fershare*）和城市性别比（*sexratio*）这两个变量。紧接着，我们考察城了城市出口服务化水平对个体初次生育时间的影响。在中国，总体来说选择丁克的家庭仍然较少，生育意愿下降可能更多地表现为生育时间推迟。因此，我们考察了城市出口服务化是否会提高个体生育第一胎的年龄。

其次，改变解释变量的测度方式。基准估计从产出角度计算了制造业出口产出服务化来衡量出口服务化水平。此处从投入角度，利用投入产出法中的直接消耗系数法和完全消耗系数法来测算制造业投入服务化（Lay，2010；顾乃华和夏杰长，2010；刘斌等，2016；刘斌和赵晓斐，2020；袁征宇等，2020），用以衡量出口服务化水平。

直接消耗系数为行业生产单位总产出直接消耗的各行业服务的数量，采用该行业中服务业投入占总投入的比率表示。计算方式如下：

$$servitization_{mt}^{direct} = a_{mt}^s = \frac{x_{mt}^s}{\sum\limits_{s=1}^{n} x_{mt}^s} \qquad (6-4)$$

其中，$servitization_{mt}^{direct}$ 表示第 t 年制造业 m 由直接消耗系数测算的服务化水平。x_{mt}^s 表示制造业 m 部门对服务业 s 部门产品的直接消耗量（制造业 m 中服务业 s 的投入），$\sum\limits_{s=1}^{n} x_{mt}^s$ 表示制造业 m 部门生产过程中总的直接消耗量（制制造业 m 中所有行业的投入）。$servitization_{mt}^{direct}$ 数值越大，表示制造业出口部门直接服务化程度越高（秦光远等，2020；刘斌和赵晓斐，2020）。

完全消耗系数为各行业对服务业的直接消耗和间接消耗的总和（秦光远等，2020；刘斌等，2016；刘斌和赵晓斐，2020；许和连等，2017；

刘斌和王乃嘉，2016），其计算方式为：

$$servitization_{mt}^{complete} = b_{mt}^{s} = a_{mt}^{s} + \sum_{s=1}^{n} a_{kt}^{s} a_{kmt} + \sum_{l=1}^{n} \sum_{k=1}^{n} a_{lt}^{s} a_{lkt} a_{kmt} + \cdots$$

$$(6-5)$$

其中，$servitization_{mt}^{complete}$ 表示制造业 m 由完全消耗系数测算的服务化水平。

a_{mt}^{s} 表示制造业 m 部门对服务业 s 部门的直接消耗量；$\sum_{s=1}^{n} a_{kt}^{s} a_{kmt}$ 表示制造

业 m 部门第一轮间接消耗量；$\sum_{l=1}^{n} \sum_{k=1}^{n} a_{lt}^{s} a_{lkt} a_{kmt}$ 表示制造业 m 部门第二轮间

接消耗量，依此类推，第 $n+1$ 项为第 n 轮间接消耗。该系数值越大，表示服务化程度越高。完全消耗系数综合考虑了制造业出口部门直接服务化程度与间接服务化程度，相比于直接消耗系数，它更全面地反映了制造业与服务业各部门之间的相互依存关系。通过计算得到直接消耗系数和间接消耗系数之后，再采用与前面式（6-3）中同样的方式计算得到城市层面的出口服务化水平，并用其代替原解释变量进行估计。图 6-4展示了从投入角度采用完全消耗系数和采用直接消耗系数测算的中国制造业投入服务化水平随时间变化趋势。显然，二者也都呈增长态势，意味着制造业中的服务要素不断增长。

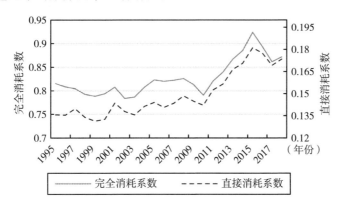

图 6-4　1995~2018 年中国制造业投入服务化水平变化趋势

资料来源：笔者根据式（6-4）和式（6-5）的计算结果绘制。

再次，变换估计样本。当考察城市出口服务化对个体婚姻选择的影响时，我们作了以下稳健性分析：第一，基准估计将离异和丧偶均归类到单身，将再婚归入已婚，此处，我们剔除婚姻状态为离异、丧偶和再婚的个体样本，仅保留单身未婚和已婚（初婚）样本进行再估计。第二，仅保留处于初婚年龄阶段的个体样本，参考孙炜红和谭远发（2015）对初婚年龄的界定，我们仅保留了 22 ~ 36 岁的男性个体和 20 ~ 34 岁的女性个体样本，以考察城市出口服务化水平提升对处于初婚年龄阶段个体的婚姻决策的影响。第三，放宽初婚年龄这一限制，我们根据法定婚龄和法定退休年龄，将考察样本限定为 22 ~ 60 岁的男性个体和 20 ~ 55 岁的女性个体。第四，剔除流动人口样本（刘灿雷等，2022），用以控制出口服务化水平提升引致的人口流动现象进而造成的婚姻选择的变化。第五，采用 CHIP 主线数据进行再估计，即不采纳 CHIP1999 和 CHIP2008 的补充调查数据，仅采用 2002 年、2007 年和 2013 年数据样本进行估计。当考察城市出口服务化对个体生育选择的影响时，我们做了以下稳健性分析：第一，仅采用育龄期个体样本进行估计。生物钟的限制（超过育龄期个体较难怀孕）使不同年龄阶段个体的生育意愿存在较大差异。参考凯勒和尤塔尔（Keller and Utar，2022）的做法，我们仅对 37 岁以下女性和 46 岁以下男性个体样本的生育决策进行分析。第二，仅保留已婚样本进行估计。在 20 世纪末 21 世纪初的中国，婚内生育仍然是传统且受法律保护，因此我们利用已婚样本进行再分析。第三，仅保留夫妻双方均是初婚的个体样本，再婚个体不仅平均年龄更高，且更有可能是已育个体，其生育行为较少受外界因素影响，因此我们剔除了这类样本进行了再估计。第四，考虑到计划生育政策的影响，我们剔除了 1982 年之前生育的个体样本，即剔除生育最后一孩的时间早于 1982 年的个体样本。1980 年，中国全面启动了"独生子女"政策，1982 年将计划生育作为基本国策写入宪法，意味着我国正式迈入严格计划生育阶段。考虑到政策效应，我们剔除了不受政策影响的、1982 年之前生育的样本进行了再估计。

最后，变换估计方法。第一，采用定序 Logit（Ologit）模型进行再估计。通常而言，未婚和已婚是并不涉及排序问题，但对于任何个体，其婚姻状态都必定是从未婚到已婚（或者一直未婚），已婚是比未婚更进一步的状态。同理，是否生育也是一个从"0"到"1"的过程。第二，我们假定个体婚育选择服从正态分布，并采用 Probit 模型进行再估计。第三，采用差分估计（仅用于对城市出口服务化对个体生育选择影响的稳健性分析）。利用 1990 年和 2000 年中国人口普查 1% 随机抽样数据计算各个城市在两个年度的已育个体份额，取其差值，作为被解释变量。利用各个城市在两个年度的出口服务化水平，取其差值作为核心解释变量。同理，其他控制变量也采用各自在样本期间的变化量来测度，同时我们也控制了部分随时间变化的宏观变量。

表 6-5 和表 6-6 分别展示了出口服务化程度提升对个体婚姻选择和生育选择影响的稳健性检验结果。根据表 6-5，所有估计中核心解释变量的估计系数均是显著为负的，表明城市出口服务化水平提升会带来个体结婚概率下降，使适婚个体推迟或减少结婚，城市层面已婚个体份额下降。根据表 6-6，城市出口服务化水平提升显著降低了城市已育个体份额、提高了个体初育年龄，并且出口服务化导致个体生育意愿下降这一效应在变换估计样本和估计方法后也都显著，表明城市出口服务化程度深化会降低个体生育意愿，使得适龄群体中选择生育的个体减少，生育时间推迟、初育年龄提高。综合表 6-5 和表 6-6，城市出口服务化进程加深会导致个体婚育概率降低，使得结婚和生育推迟或减少，与基准估计结果一致。

表6-5　　　稳健性检验——个体婚姻选择

变量	(1) 已婚份额	(2) 完全消耗系数	(3) 直接消耗系数	(4) 未婚和初婚	(5) 初婚年龄	(6) 法定劳动年龄	(7) 剔除流动人口	(8) CHIP主线数据	(9) Ologit	(10) Probit
servitization	-0.153** (-2.17)			-1.446*** (-3.27)	-1.700**** (-3.42)	-1.325**** (-3.42)	-0.668** (-1.98)	-1.472** (-2.29)	-1.364** (-2.12)	-0.794** (-2.23)
servitization_complete		-0.341* (-1.70)								
servitization_direct			-1.067* (-1.70)							
_cons	0.845**** (442.91)	-27.76**** (-6.18)	-22.16**** (-6.44)	-28.44**** (-5.90)	-42.44**** (-7.74)	-25.51**** (-6.12)	-4.788 (-1.24)	-11.98** (-2.47)	14.23*** (2.97)	-5.912** (-2.26)
城市固定效应	是	是	是	是	是	是	是	是	是	是
年份固定效应	是	是	是	是	是	是	是	是	是	是
观察值	345	80247	80247	110230	36858	96864	104835	114616	117633	117633

注：括号内为t统计量，****，***，**和*分别表示回归系数在0.1%，1%，5%和10%的水平上显著。

表6-6　稳健性检验——个体生育选择

变量	(1) 已育份额	(2) 初育年龄	(3) 完全消耗系数	(4) 直接消耗系数	(5) 育龄期	(6) 已婚样本	(7) 初婚样本	(8) 计划生育	(9) Ologit	(10) Probit	(11) 差分估计
servitization	-0.147** (-2.31)	0.448**** (13.03)			-0.876**** (-17.50)	-0.395**** (-7.92)	-0.398**** (-7.99)	-0.320**** (-7.25)	-0.258**** (-6.51)	-0.104**** (-4.61)	
servitization_complete			-0.0168* (-1.67)								
servitization_direct				-0.230**** (-6.91)							
dservitization											-0.232*** (-2.77)
_cons	0.728**** (468.50)	20.93**** (532.85)	-11.02**** (-360.37)	-11.00**** (-359.66)	-20.32**** (-195.43)	-6.142**** (-60.97)	-6.141**** (-60.93)	-16.13**** (-177.03)	11.26**** (139.87)	-6.504**** (-141.15)	0.262 (1.35)
城市固定效应	是	是	是	是	是	是	是	是	是	是	是
年份固定效应	是	是	是	是	是	是	是	是	是	是	—
观察值	487	7309223	9653008	9653008	6770581	8779270	8771895	7888635	10201317	10201317	233

注：括号内为t统计量，****、***、**和*分别表示回归系数在0.1%、1%、5%和10%的水平上显著。

6.2.3 分样本检验

上述分析证实了城市出口服务化对个体婚育表现的平均效应是负向的，即城市出口服务化水平提升会降低个体结婚和生育概率，导致其结婚和生育行为减少。本节将继续分析这一负向效应在地区和个体层面的异质性。

（1）基于城市特征的分样本检验

首先，按照城市地理位置将样本分为东、中、西部地区。中国地域辽阔，各地区自然环境差异巨大，发展政策也因地制宜，这使得各地区的经济发展水平以及产业发展模式呈现出较大差异。东部沿海地区最早实行改革开放，产业体系更加完善、服务业发展水平更高，反观西部地区，工业化起步较晚，产业结构更加偏向制造业以及资源密集型产业。图 6-5 展示了 1996～2015 年中国东中西部地区的平均出口服务化水平的变化趋势，显然，城市出口服务化程度存在显著的地域差异，东部城市的出口服务化水平最高且增速较快，中部地区次之，西部出口服务化水平较低且增速较慢。差异化的经济社会环境不仅使得各地区居民就业、收入水平呈现出较大差距，也造就了差异化的社会文化观念以及婚育观念，沿海地区个体普遍收入水平更高且婚育观念更为开放和自由。各地区出口服务化进程的差异以及个体经济实力、文化观念的差异也使得出口服务化进程对不同地区个体婚育选择的影响存在较大差异。于是，我们将全样本划分为东、中、西部三个子样本进行分析。其次，按照城市经济发展水平进行分类，以城市人均 GDP 的中位数将样本分为经济欠发达城市和经济发达城市。经济发展水平越高的城市通常而言产业体系更完善，产业结构更合理，产业服务化程度也更高。并且，经济较发达地区的平均工资通常更高，个人收入水平也更高，婚育观念也更加开放。城市出口服务化进程会对不同经济发展水平地区的个体的劳动力市场产出以及婚育行为产生差异化的影响。于是，我们将样本划分为经济欠发达地区和经济发达地区两个子样本进行分析。再次，根据城市产业发展状况进行分类，采用城市第三产业产值与第二产业产值之比来衡量城市产业发展情况，若该比值大于中位数则认为该城市的服务业发展趋势向好，反之制造业发展更好。产业结构在很大程度上决定了当地的就业结构，差异化的劳动力需求深刻影响着不同个体的经济社会境况，进而作用于个体的婚育观念和婚育行为。显然，产业朝着服务业方向发展的地区的出口服务化水平平均而言更高，可能会对个体婚育选择产生更大的影响。基于此，我们分析了城市出口服务化进程推进对不同产业发展状况地区的个体的差异化影响。从次，按照城市教育发展水平进行分类，采用城市教育支出占政府总支出的比重来衡量教育发展水平，并以该变量的中位数将样本划分为教育发展水平较低和教育发展水平较高城市。教育发展水平决定了城市人力资本水平，与城市研发能力、技术创新能力等息息相关，教育的发展有助于促进产业结构升级转型、提升服务化水平，因此，教育发展水平越高的地区通常其产业服务化程度也更高。同时，教育发展水平越高的地区个体的平均技能越高，收入水平也更高，婚育观念也更开放。基于此，我们将考察出口服务化进程对不同教育发展水平地区的个体的差异化影响。最后，按照省份制度水平进行分类①，采用樊纲、王小鲁和朱恒鹏（2019）主编的"中国市场化指数"指标来衡量省份制度水平，并以该变量的中位数将样本分为制度水平较高和制

---

① 由于IPUMS数据的样本期间为1990年和2000年，而我们能够获取的最早的用于衡量制度水平的市场化指数数据为1997年，因此仅当我们采用CHIP数据分析出口服务化对个体婚姻行为的影响时，采用划分制度水平的方式进行分样本检验。省份层面数据的样本期间和IPUMS数据的样本期间的不匹配也是为什么我们在分析出口贸易开放对个体生育行为的影响时没有控制省份层面的变量的原因之一。

度水平较低省份样本。制度水平是决定交易成本的重要因素，制度水平越高意味着地区制度完善、营商环境优良、交易成本低，有助于提升服务化水平。基于此，我们考察了出口服务化进程对不同制度水平地区的个体的差异化影响。

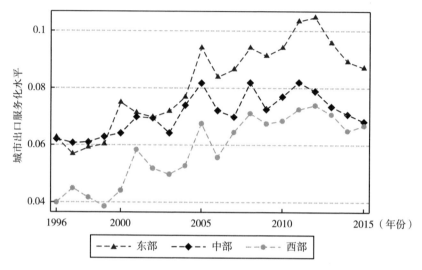

图6-5 东中西部地区出口服务化随时间变化趋势

表6-7和表6-8展示了基于城市特征的分样本估计结果。表6-7为城市出口服务化水平提升对个体婚姻选择影响的异质性分析结果。表6-8报告了城市出口服务化程度提升对个体生育选择影响的异质性分析结果。结果显示，出口服务化对个体婚育选择的负向影响对于东中部城市、经济发展水平较高城市、服务业较发达城市、教育支出较高城市以及制度水平较高城市的个体更为显著，表明城市出口服务化会促使这类经济发展更好的地区的个体的婚育概率下降得更多，结婚和生育减少得更多。显然，基于城市特征的分样本检验结果具有高度一致性，东部省市平均而言经济发展水平更高、服务业更加发达，对教育、科研事业的重视程度更高，制度水平更加完善。这类地区的出口服务化程度更高，且涨幅更大，从而对个体的劳动力市场产出、婚育观念和社会行为产生更大的影响。

表6-7 基于城市特征的分样本检验——个体婚姻选择

变量	城市区位			经济发展水平		产业结构		教育发展水平		制度水平	
	(1)东	(2)中	(3)西	(4)低	(5)高	(6)制造业	(7)服务业	(8)低	(9)高	(10)低	(11)高
servitization	-4.963*	1.277	2.015	1.778	-1.419*	-0.294	-2.268***	6.533*	-7.762**	-1.637***	-2.472**
	(-1.76)	(0.69)	(0.32)	(0.88)	(-1.82)	(-0.46)	(-3.05)	(1.76)	(-2.38)	(-3.24)	(-2.03)
_cons	-48.67***	-54.54**	-45.88	-12.75	-22.03***	-39.23***	-4.858	-46.28***	-53.83	-21.20**	-1.211
	(-2.67)	(-2.13)	(-0.20)	(-0.72)	(-3.63)	(-5.05)	(-0.48)	(-4.19)	(-1.52)	(-1.98)	(-0.05)
城市固定效应	是	是	是	是	是	是	是	是	是	是	是
年份固定效应	是	是	是	是	是	是	是	是	是	是	是
观察值	49923	44099	16208	53058	57172	56523	53707	60646	49583	59572	50658

注：括号内为 t 统计量，****、***、** 和 * 分别表示回归系数在 0.1%、1%、5% 和 10% 的水平上显著。

表6-8 基于城市特征的分样本检验——个体生育选择

变量	城市区位			经济发展水平		产业结构		教育发展水平	
	(1)东	(2)中	(3)西	(4)低	(5)高	(6)制造业	(7)服务业	(8)低	(9)高
servitization	-1.256****	0.234****	0.182**	-0.0804**	-1.865****	-0.420****	-0.884****	1.300****	-0.980****
	(-15.08)	(4.08)	(2.08)	(-2.53)	(-36.28)	(-10.68)	(-26.52)	(19.61)	(-11.88)
_cons	-10.86****	-12.50****	-12.48****	-12.79****	-8.575****	-9.358****	-11.06****	-9.682****	-14.42****
	(-91.91)	(-89.82)	(-65.08)	(-273.99)	(-185.50)	(-205.42)	(-307.42)	(-69.88)	(-107.24)
城市固定效应	是	是	是	是	是	是	是	是	是
年份固定效应	是	是	是	是	是	是	是	是	是
观察值	4410710	3773546	2017061	5141626	5059691	5101041	5100276	5000458	5200859

注：括号内为 t 统计量，****、***、** 和 * 分别表示回归系数在 0.1%、1%、5% 和 10% 的水平上显著。

（2）基于个体特征的异质性分析

首先，根据个体性别将样本分为男性个体和女性个体样本。婚育的成本和收益对于两性个体并非完全一致，这使得男性个体和女性个体的婚育选择存在较大差异。在传统基于性别差异的社会角色分工模式下，女性从市场活动中获得的收益越高，意味着其结婚和生育的机会成本越高，因此，女性就业以及收入水平的提升可能致使其减少结婚和生育。相反，对于男性而言，工资越高则其结婚和生育的收益就越高，有助于提升其婚育意愿。再者，城市出口服务化进程对男性和女性的劳动力市场产出的影响并非一致，显然，服务化过程更有助于形成对女性友好的劳动力市场，提升其经济社会地位。其次，根据个体受教育水平将样本划分为小学、中学和大学。个体受教育程度一方面反映了个体处于教育系统的时长，决定了个体从青年人向成年人的转变时点，并且，较长的受教育时间通常意味着较短的择偶窗口期。另一方面，教育塑造了个体观念，不同受教育水平的个体其婚姻观念也存在显著差异，受过高等教育的个体更有可能选择晚婚晚育。在人力资本市场，通常将学历与技能水平挂钩，学历越高，则技能水平越高，越能适应新技术、新业态的发展，并获得较高收入。再者，出口服务化水平提升对不同受教育水平个体的影响也并非完全一致。再次，根据个体所处年龄段进行分类。对于个体婚姻选择，我们参考孙炜红和谭远发（2015）的做法，仅保留初婚年龄段的样本并按照是否剩男剩女将其划分为低龄和高龄个体样本，前者包括 20~27 岁女性和 22~30 岁男性，后者包括 28~34 岁女性和 31~36 岁男性[①]。对于个体生育选择，我们参考凯勒和尤塔尔（Keller and Utar，2022）的做法，仅保留育龄期个体样本并采用同一划分依据

---

① 由于 CHIP 数据跨度为 1999~2013 年，我们还采用了另一种划分方式，根据个体出生年代将样本分为"60后""70后""80后""90后"，结果也显示出口服务化对"80后""90后"个体的婚姻行为产生更大的影响。备索。

将其分为低龄和高龄个体样本，前者是指 20～27 岁女性和 22～30 岁男性，后者是指 28～36 岁女性和 31～45 岁男性。不同年龄段个体所处年代不同、经历的经济社会环境不同，个体的婚育观念、婚育选择也存在较大差异。早些年代个体婚育观念较为保守，而年青一代个体的婚育观念更加开放，更少受到传统社会规制及风俗习惯等的影响，具有较高的婚育自主权。最后，根据个体收入状况进行分类。考虑到用于个体婚姻决策分析的 CHIP 数据和用于个体生育决策分析的 IPUMS 数据所提供的关于个体就业和收入信息的不一致，对于个体婚姻决策的分样本估计，我们采用了 CHIP 数据提供的收入信息，利用个体全年收入这一变量来刻画个体收入状况并依据其中位数将样本分为低收入（包括零收入个体）和高收入个体样本。对于个体生育决策的分样本估计，我们采用了 IPUMS 数据提供的个体就业信息来刻画个体收入状况并依据个体是否有工作将样本分为有工作的个体和没有工作的个体样本。收入水平决定了经济实力，是影响个体结婚和生育决策的最重要的因素。婚姻存在典型的保险性功能或风险削减功能（阳李，2019），无收入群体可以通过婚姻来获得生活资料，相比之下有收入个体享有更高的婚姻自主权。经济实力也是影响个体生育决策的最重要因素，对于女性而言，收入水平提升可能会提高其生育的机会成本，导致生育意愿下降。因此，不同收入群体的婚育决策是存在显著差异的。再者，出口服务化程度提升带来的劳动力市场产出效应对不同收入群体的影响也存在较大差异。

表 6-9 展示了城市出口服务化水平提升对个体婚姻选择影响的分样本检验结果。表 6-10 则报告了城市出口服务化程度提升对个体生育选择影响的分析结果。综合表 6-9 和表 6-10 的结果，城市出口服务化水平提升对个体婚育行为的负向影响对于女性、低收入个体、中低学历个体、年青一代更为显著，会促使这类群体更大程度地降低减少结婚和生育。我们认为这一结果的形成原因主要在于：城市出口服务化的推进极大地

表 6 - 9　基于个体特征的分样本检验——个体婚姻选择

变量	性别		受教育水平			年龄		收入	
	(1)	(2)	(3)	(4)	(5)	(6)	(7)	(8)	(9)
	男	女	小学	中学	大专及以上	低	高	低	高
servitization	-1.061*	-2.305***	-8.137**	-2.076*	4.628**	-1.950****	-0.731	-2.281****	-1.017
	(-1.83)	(-3.27)	(-2.46)	(-1.86)	(2.05)	(-3.33)	(-0.26)	(-3.35)	(-1.17)
_cons	-20.49***	-40.24****	-31.14	-35.30****	-58.56****	-43.01****	-51.67***	-8.587	-53.68****
	(-3.24)	(-5.19)	(-1.13)	(-3.98)	(-3.84)	(-6.40)	(-2.60)	(-0.89)	(-5.45)
城市固定效应	是	是	是	是	是	是	是	是	是
年份固定效应	是	是	是	是	是	是	是	是	是
观察值	55727	54503	24506	68811	15888	21268	13598	42812	34110

注：括号内为 t 统计量，****、***、** 和 * 分别表示回归系数在 0.1%、1%、5% 和 10% 的水平上显著。

表 6 - 10　基于个体特征的分样本检验——个体生育选择

变量	性别		受教育水平			年龄		是否就业	
	(1)	(2)	(3)	(4)	(5)	(6)	(7)	(8)	(9)
	男	女	小学	中学	大专及以上	低	高	无就业	就业
servitization	-0.407****	-0.810****	-0.137***	-0.504****	-0.0112	-1.036****	-0.580****	1.491****	-0.440****
	(-7.92)	(-21.31)	(-3.16)	(-4.92)	(-0.02)	(-15.86)	(-6.92)	(12.58)	(-10.38)
_cons	-9.831****	-13.20****	-10.51****	-17.90****	-23.34****	-33.53****	-12.53****	-8.258****	-11.33****
	(-94.14)	(-326.65)	(-117.81)	(-87.42)	(-24.07)	(-184.60)	(-62.37)	(-35.53)	(-129.83)
城市固定效应	是	是	是	是	是	是	是	是	是
年份固定效应	是	是	是	是	是	是	是	是	是
观察值	5226650	4974667	8449696	1640656	110962	3021226	3749355	1120027	9081290

注：括号内为 t 统计量，****、***、** 和 * 分别表示回归系数在 0.1%、1%、5% 和 10% 的水平上显著。

促进了制造业服务化以及服务业的发展，会产生强大的就业扩张效应，促进个体就业和收入增长，尤其对于女性劳动力，从而有效改善个体经济社会境况，影响其婚育决策。

6.3 影响机制检验

本节我们继续探索城市出口服务化深入引致个体婚育表现不佳的作用渠道。本书认为出口服务化水平提升会产生就业扩张效应，提高个体收入水平，使得个体婚育意愿下降，结婚和生育均减少。

城市出口服务化水平提升促进了个体就业和收入增长。服务化程度加深不仅促进了服务产业的发展，也使得制造业和服务业的联系更加紧密，深化了产业间以及产业内的专业化分工，促进了制造业的转型升级。服务业的发展以及制造业服务化水平的提升会产生显著的就业创造效应，使得对劳动力的需求增加，改善了个体就业境况，提高了个体收入水平。一方面，出口服务化水平的提升极大地促进了服务业的发展，创造了较多的工作岗位，进一步，由于性别比较优势和产业互补性相互作用，对女性劳动力的需求增长得更多。另一方面，制造业服务化水平的提升促进了行业间分工深化，催生出了全新的生产业态，使得对劳动力的需求大幅增加，并且，企业内部分工深化也衍生出了较多适合女性劳动力的辅助性服务型岗位，伴随着生产专业化分工越来越细，部门设置更加健全，需要多样化的劳动力进行互补劳作，衍生出了更多诸如行政、管理、客服等适合女性的服务型工作岗位，使得对女性劳动力的需求日趋增加。基于 CGSS 数据，图 6-6 首先直观展示了省份层面有收入个体份额与出口服务化水平的相关关系。可以看出，省份就业水平与出口服务化水平正相关，随着出口服务化进程的深入，省份层面有收入个体份额呈明显上升趋势。紧接着，我们利用该数据实证检验了省份出口服务化与个体就业和收入之间的相关关系，结果如表6-11所示。结果显示，出口服务化水平提升显著促进了就业和收入增长，改善了个体经济社会境况，尤其对于女性劳动力。

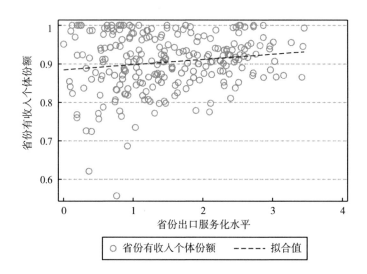

图6-6 省份有收入个体份额与出口服务化水平的相关关系

资料来源：笔者根据式（6-3）的计算结果和 CGSS 数据绘制。

表6-11   出口服务化、就业和收入

变量	个体就业			个体收入		
	（1）	（2）	（3）	（4）	（5）	（6）
	全样本	男性	女性	全样本	男性	女性
servitization_p	0.155 ****	0.111	0.171 ****	0.202 ***	0.149 **	0.300 ***
	(3.67)	(1.22)	(3.55)	(3.04)	(2.27)	(2.63)
_cons	-4.225 ****	-4.113 **	-7.434 ****	6.669 ***	2.718	6.888 *
	(-5.01)	(-2.42)	(-7.58)	(2.93)	(1.15)	(1.78)
省份固定效应	是	是	是	是	是	是
年份固定效应	是	是	是	是	是	是
观察值	51784	26361	25423	51784	26361	25423

注：括号内为 t 统计量，****、***、** 和 * 分别表示回归系数在 0.1%、1%、5% 和 10% 的水平上显著。

就业和收入水平的提升有助于改善两性个体的经济社会境况，使得

个体对自身的婚姻和生育具有更大的话语权和自主权。男性个体经济境况的改善客观上有助于提升其经济实力，降低其婚配困难程度，并且男性收入提升可提高其婚育收益。但对女性而言，经济境况的改善进一步拔高了其结婚和生育的机会成本，可能会导致其婚育意愿下降，减少结婚和生育。当出口服务化带来的就业扩张和收入增长效应对女性更大时，城市出口服务化水平提升总体上会导致婚育概率下降、结婚和生育减少。因此，假说3b成立。

6.4 小结

本章考察了城市出口贸易开放的第三个层面——出口服务化对个体婚育表现的影响。首先，利用CHIP数据和IPUMS数据，本章检验了城市出口服务化程度加深对个体婚姻和生育表现的影响。实证结果表明，城市出口服务化水平提高会对个体婚育选择产生负向影响，个体婚育概率下降，结婚和生育均减少，并且这一结论在改变被解释变量和解释变量测度方式、变换估计方法和估计样本之后仍然稳健。其次，分样本估计的结果表明出口服务化水平提升导致个体婚育意愿下降这一负效应对于经济发展水平较高、服务业更发达、教育发展水平较高、制度水平更完善的东部省市的个体更加显著，对于女性、中低学历个体、低收入个体、女性个体以及"80后""90后"的年青一代更为显著。最后，基于CGSS数据的机制分析的结果表明，城市出口服务化程度提高促进了分工深化以及服务业的发展，提高了个体就业和收入水平，显著改善了两性个体尤其是女性个体的经济境况，最终使得结婚和生育均下降。

第 **7** 章

结论及政策建议

　　在经济高速发展、社会飞速变迁的背景下，经济实力以及社会观念逐渐成为影响个体婚育决策的重要因素，单从人口学、社会学或者任何单一学科角度对个体婚育选择进行解读都是不够充分的，从多学科角度出发、综合考虑各种因素，尤其是经济因素对个体婚姻和生育选择的影响是十分有必要的。

　　本书从经济学角度出发，以劳动力市场产出效应为连接点，探讨了出口贸易扩张对个体婚姻和生育选择的影响。首先，基于贝克尔等的一系列研究，我们从理论上分析了个体婚姻和生育选择的经济学依据，指出婚姻的形成是个体基于成本—收益权衡后的结果，生育决策同样也是预算约束下效用最大化的决策结果，其中，预算约束主要受限于家庭收入和孩子的"价格"，效用既来自于孩子的数量也受其质量的影响。其次，利用中国海关进出口数据、BACI 双边贸易流数据、GeoDist 双边距离数据、世界发展指标（WDI）和国际投入产出数据（ICIO），我们刻画了出口贸易开放的各个层面——出口规模扩张、出口技术结构优化和出口服务化，分别采用出口机会、出口技术复杂度和产出服务化来测度，再结合中国家庭收入调查数据（CHIP）和中国人口普查1%随机抽样调查数据（IPUMS）提供的个体婚姻和生育信息，本书全方位地考察了出口规模扩张、出口技术结构升级和出口服务化对个体婚育表现的影响。结果表明：（1）出口贸易开放会对个体婚育选择产生负向影响，即出口规模扩张、出口技术复杂度提升和出口服务化程度深化均会对个体婚育表现产生负效应，导致个体结婚和生育概率下降。（2）就城市异质性而言，出口贸易开放对个体婚育选择的负效应对于经济发达的中东部地区更加显著，即无论是出口规模扩张，还是出口技术复杂度提升抑或是出口服务化程度提高，它们都会对经济发达、服务业繁荣、教育发达的东中部地区的个体的婚育行为产生更大的影响。就个体异质性而言，出口贸易开放会对女性个体的婚育行为产生更大的影响，使得女性结婚和生育下降得更多；并且，出口规模扩张和出口服务化对婚育的负效应对于经济境况较差个体更为显著，相反，出口技术复杂度提升对婚育的负效应对于经济境况更好的个体更为显著。（3）劳动力市场产出效应、教育以及婚育观念变化是出口贸易开放影响个体婚育选择的重要渠道。具体而言，出口规模扩张会通过提高个体劳动力市场产出，尤其是女性个体的就业和收入，以及改变个体的性别认知观念和强化个体的生育自由观念，从而影响个体婚育选择。出口技术复杂度则主要通过教育提升效应作用于个体婚育决策，受教育水平的提升会通过推迟婚育节点、改善个体潜在经济实力以及塑造更为开放的婚育观念等影响个体婚育选择。出口服务化主要是通过深化分工以及促进服务业发展从而促进了就业和收入增长，尤其是女性就业和收入水平的提升，从而降低其对婚姻和孩子的需求。

本书首次基于中国样本从微观层面考察了出口贸易开放进程对个体婚育选择的影响，在研究视角、研究主题和内容等方面对相关领域的研究进行了补充。在研究视角上，本书是结合了国际贸易学、社会学和人口学的交叉学科的研究，不仅完善了关于婚姻形成以及生育领域的经验研究，也丰富了国际贸易理论与实证的研究内容。在研究主题上，首次从微观层面考察了中国城市出口规模扩张对个体婚育选择的影响，同时也是首篇考察城市出口技术结构与个体婚育选择的文献以及首篇考察出口服务化与个体婚育选择的文献。本书具有重要的理论和现实意义。从理论上讲，本书是对国际贸易学、社会学和人口学研究内容的有机结合，一方面，从经济学视角对个体社会行为进行了解读，为当前中国婚育问题乃至人口问题的研究提供了新思路；另一方面，将贸易的经济效应和社会效应相连接，完善了贸易的产出效应，丰富了国际贸易理论与实证的研究内容。从现实来看，本书厘清了出口贸易开放和个体婚育选择之间的因果关系，对于理解和调节不断走低的婚育率具有重要意义，同时也为政府贸易开放战略、人口发展战略和婚育政策等的制定提供了实证支撑。

(7.2) 政策建议

贸易是"正和博弈"。本书的结论也表明出口贸易开放会带来正向的产出效应，不仅能够通过促进就业和收入增长改善个体经济境况，还有助于促进教育投资、提高个体人力资本水平，进而增强个体潜在经济实力、促进其社会文化观念变迁，因此要持续不断地深化改革、扩大对外开放，发挥出口贸易对于增进国民福利的重要作用。根据党的二十大指导思想，要坚持高水平对外开放，构建以国内大循环为主体、国内国际双循环相互促进的新发展格局。

首先，从总体上提高对外开放水平，推动出口贸易持续向好发展。一是要从制度上破除限制对外开放的规则规制和管理标准，推进制度型开放，通过缩减外资准入负面清单保障外商投资的合法权益，通过破除地区行政分割、简化行政审批手续等方式破除体制机制壁垒、降低市场准入成本，致力于营造市场化、法治化、国际化的一流营商环境。二是要优化国内各区域的开放布局，巩固东部沿海地区外贸发展的先导地位，同时也要提高中西部地区的对外开放水平，促进东中西部地区对外贸易的协同发展。三是要发展自贸港、自贸试验区、"一带一路"等多层次、多种形式的自由贸易区，扩大面向全球的自由贸易区网络，推动全球分工与合作向更高层次迈进。

其次，要推动出口技术结构优化升级，提高出口技术水平。一是要加大政策支持和引导，一方面大力支持高精尖产业的发展，促进制造业高端化，另一方面也要支持新兴产业的发展，构建新一代信息技术、人工智能等新的增长引擎。二是要注重高技能劳动力的培养，科技是第一生产力、人才是第一资源，科技进步离不开"人"的驱动，同时，由于高技能劳动力和技术进步是正向匹配的，技术水平提升也会提高对高技能劳动力的需求，因此要加大教育投入，提高劳动力技能水平，落实人才引领驱动战略。

最后，要推进出口服务化程度持续深化，不仅要重视服务业本身的发展，也要促进服务业和制造业的深度融合发展。优化基础设施的布局、结构、功能和系统集成，构建现代化基础设施体系。通过发展物联网，畅通流通体系，降低物流成本，推动传统服务贸易的发展；通过构建优质高效的服务业新体系，推动现代服务业同先进制造业的深度融合。总而言之，要持续推进对外开放、优化出口技术结构、提升出口服务化水平，发挥高水平高质量多层次的对外开放对国内劳动力市场产出的促进作用，提升个体的经济社会境况、促进国内经济的持续健康发展，让不同技能群体、不同性别群体共享高水平对外开放、高质量发展成果。

对婚姻的需求下降以及生育的减少是中国第二次人口转型的重要特

征，一方面是个体经济社会地位，尤其是女性经济社会地位提升的必然结果，另一方面也意味着个体对自我价值的认知水平不断提升。从这个角度来看，出口贸易开放通过正向的劳动力市场产出效应进而导致婚育下降是具有积极意义的。但同时，我们应该认识到，持续走低的结婚率在婚内生育的传统下必然会带来生育率降低，从而引发老龄化加剧、劳动力规模萎缩等一系列严重后果。因此，有必要加快推进针对女性和家庭的政策设计和制度建设，从而对持续走低的婚育水平进行合理适度的引导。

本书的研究结果表明，出口规模扩张、出口技术结构优化和出口服务化有助于提高劳动力市场产出、促进教育投资，尤其有助于形成对女性友好的劳动力市场。这对于女性自我价值的实现以及经济社会地位的提升具有重要作用。进一步，在男主外女主内的性别分工模式下，女性在劳动力市场的获得的提升会导致其从事家庭生产（包括生育行为）的机会成本上涨，从而使得婚育下降。因此，要引导婚育行为发生变化，可以尝试着从改变劳动力市场产出和教育对两性个体婚育收益和成本的影响这一环节出发。

根据本书的理论分析结果，婚姻的形成主要基于成本和收益的权衡。婚姻的成本主要包括搜寻成本、彩礼、离婚的困难程度等，婚姻的收益则主要来自于性别分工产生的互补性。显然，劳动力市场产出，如就业和收入的增长引起婚姻形成的变化主要源于其对互补性的影响。即在男主外女主内的性别分工模式下，女性经济境况的改善会降低这种互补性，导致婚姻的收益下降。因此，我们可以从两个方面入手，一方面，我们可以尝试改变这种互补性收益的来源，使得女性经济境况的改善不再会降低这种互补性收益。互补性收益主要来自分工，而在现有研究中，这种分工模式主要是基于性别差异形成的男主外女主内的分工模式。试想一下，如果家庭分工不再是基于性别，而是基于经济实力，即两性个体基于其在劳动力市场的获得决定谁主内谁主外，那么无论是夫妻双方谁的劳动力市场产出提升，均会对婚姻的形成产生正向的促进作用。因此，要改变经济境况对两性婚姻决策的影响，可以从松动男主外女主内的传统观念和分工模式出发。一是要引导女性走出家庭、参与市场劳动。这在体力劳动的重要性不断下降的当今社会是可行的，要保障两性在职场中的合法权利，尤其是女性，降低结婚、生育、家务劳作等对女性职场表现的不利影响。二是要引导男性参与家庭劳动。伴随着性别平等观念深入人心，越来越多的男性也会主动参与到家务劳动中来，这有效促进了家庭内部家务分工合理化，有利于提高婚姻满意度。当人们不再拘泥于男主外女主内的传统分工模式时，个体收入的提升能有效降低其经济压力，从而提高结婚率。

另一方面，通过其他渠道，降低婚姻的成本、提高婚姻的收益。一是利用网络相亲等方式降低婚姻的搜寻成本，抑制高价彩礼以降低婚姻的量化成本，保障男女双方平等的离婚自由权、降低离婚成本等，即通过多种渠道降低婚姻的成本。二是通过多种方式增加婚姻的收益。第一，提高对婚内家暴、虐待、出轨等行为的惩处力度，保障合法夫妻双方的平等权益。第二，提高孩子对婚姻生活的正向促进效应（降低生养孩子的成本，具体将在后文生育部分详述）。第三，减缓受教育年限延长对婚姻形成的不利影响。受教育水平提升会通过延长受教育年限（缩短择偶窗口期）、强化个体自我意识、扩大个体差异等渠道提高婚姻成本，但同时也会通过提高个体技能和综合素质、丰富个人社会资源、开阔眼界等提高个体婚姻的收益。重点是要缓解受教育年限延长对个体结婚的不利影响，要改变文化传统，减少社会对于大龄男女青年的恶意，延长男性和女性的择偶窗口长度；加大社会对晚婚晚育的接受度，并通过科学技术缓解高龄产妇的压力。第四，重视婚姻质量、幸福感等带来的无形收益，物质生活水平的提升使得人们对婚姻的需求更多的是一种精神的寄托和情感的追求，婚姻的质量以及婚姻的满意度越来越多的受到年青一代的重视，高质量的婚姻生活是吸引当代年轻人迈入婚姻殿堂的重要因素，因此要更加重视个体非市场特征，如眼界和综合素质等对婚姻质量的提升效应。

对于促进生育，首先，要减少政策限制，全面放开生育，让生育权重回家庭。充分尊重每个个体的生育意愿，想生多孩的可以生多孩，不想生育的可以不生育，不对个体生育选择进行强制干预；同时保障非婚生育的合法权益，尤其是保障婚生子女和非婚生子女在落户、入学等方面的平等权利。① 其次，出台鼓励生育的相关措施，提高生育意愿。从理论上讲，生育决策是基于家庭收入、孩子"价格"权衡后的结果。家庭收入的提升一方面会直接提高生育数量，另一方面也会强化质量偏好，导致生育数量下降，因此，家庭收入增长对生育的影响是不确定的。收入的增长通常也伴随着孩子"价格"的上升，孩子的"价格"包括两个层面，一是住房、医疗、教育等实质性支出的成本，二是生养孩子的机会成本，主要是指为了生育和养育孩子损失的劳动力市场机会，这部分主要由女性承担，显然，孩子"价格"的上升对生育的影响是显著为负的。

因此，鼓励生育的措施主要从降低孩子的"价格"入手。一是减轻家庭对住房、医疗和教育等方面的支出，直接降低育儿成本。孩子是空间密集型产品，需要相应的居住空间，孩子的出生将会提高家庭对"大"房子的需求，而当前中国正处房价快速上涨时期，尤其是经济发达、人口密集的大城市，房价水平更高，住房压力往往是造成当代年轻人"生不起孩子"的重要因素。因此，抑制房价过快增长、降低家庭住房压力是缓解生育不足的重要措施。医疗支出是孩子养育成本的重要构成部分。从怀孕开始，家庭对于孩子的医疗支出就开始了，从建档、产检到孩子出生以及孩子成长过程中的各个阶段，尤其是成年以前，这部分医疗基本由家庭负担②，医疗负担过重也会导致生育意愿下降。因此，进行医疗

---

① 这一说法主要是针对《中华人民共和国民法典》（于 2021 年 1 月 1 日生效）规定"非婚生子女享有与婚生子女同等的权利"，这表明非婚生子在法律上已经被允许。

② 这里的家庭是相对于个人而言，即由家庭（父母）负责个人（孩子）的医疗支出，而不是由个人（孩子）自己负责。

体系改革、完善社会保障体系，将对孩子的医疗支出造成的医疗负担部分转由政府、社会负担，降低家庭压力，对于促进生育具有重要作用。教育支出是孩子养育成本的主要构成部分。尤其在当今"知识型社会"的大环境下，家庭对孩子的教育愈加重视，对孩子的培养不仅要从娃娃抓起，更要多才多艺、全面发展，使得家庭教育支出大幅增加。同时，对孩子综合素质的培养、价值观的引导等也加大了父母育儿的精神压力。教育压力是造成年青一代不想生育、不敢生育的又一重要因素。因此，进行教育体制改革，一方面，增加教育资源的供给，促进教育市场繁荣，满足高质量、多层次的教育需求。增加优质的高等教育资源的供给以及多层次的职业教育培训，普及高中教育，对于义务教育阶段，促进公办学校和民办学校共同发展。另一方面，促进教育资源的公平分配，防止教育资源的恶性竞争。

二是要降低生育行为对女性劳动力参与的不利影响，这对于提升女性生育意愿具有实质性的促进作用，是鼓励生育的重中之重。生育对女性的不利影响主要体现在生育时的"十月怀胎"以及养育时女性会将更多的时间和精力投入家庭和照料孩子导致的潜在经济损失，即所谓的"母职惩罚"。因此，要加快构建生育支持体系，减轻生育和养育孩子对女性造成的不利影响。可以从以下几个方面入手。第一，制订适宜的产假制度，保障女性孕期和育期的合法权益。综合考量产假的长度对女性重回职场的影响、男性是否享有陪护假对女性身心的影响，制订适宜的产假政策，并对用人单位违反政策的行为予以处罚。第二，制订对女性的经济补贴政策，减轻生育对女性造成的潜在经济损失。探索建立从怀孕到分娩再到孩子成年的全面鼓励生育体系，包括对女性在怀孕期间进行产检和保健的补助、对孕晚期分娩的补助、对婴幼儿托育服务的补助以及对孩子成长教育的补助。第三，加大托育服务的供给，减轻父母尤其是母亲的照料压力。大力倡导并支持兴办专业的婴幼儿托育服务机构，发展全日托、半日托等多种形式的托育托管服务模式。同时，鼓励隔代照料，可以通过提供经济津贴等方式提高隔代照料的积极性。第四，完善女性就业权益的政策保障，确保女性能够重回职场以及重回职场后的合法权益。消除影响平等就业的不合理限制和就业歧视。一方面，对损害女性就业权益的企业单位给予经济或行政处罚，另一方面，加快促成生育成本在国家、企业、家庭和个人之间合理有效的分担机制，可以通过对企业实行生育税收优惠来降低企业承担的生育成本。总的来说，完善的产假制度、细致的津贴体系、多样化的托育托管服务、女性友好型的企业氛围，对于降低女性生育成本、缓解生育率下降具有显著的积极作用。

参 考 文 献

［1］陈昊，陈小明．对外开放的教育促进效应：一个出口增长的视角［J］．经济评论，2016，4：30－38．

［2］陈昊．出口贸易的就业学历偏向效应——基于中国家庭收入调查的实证研究［J］．当代财经，2016，2：103－113．

［3］陈昊．出口是否加剧了就业性别歧视？——基于倾向评分匹配的再估计［J］．财经研究，2013，39（9）：109－119．

［4］陈维涛，王永进，孙文远．贸易自由化，进口竞争与中国工业行业技术复杂度［J］．国际贸易问题，2017，1：50－59．

［5］陈维涛，王永进，李坤望．地区出口企业生产率、二元劳动力市场与中国的人力资本积累［J］．经济研究，2014，49（1）：83－96．

［6］陈卫，刘金菊．近年来中国出生人数下降及其影响因素［J］．人口研究，2021，3：57－64．

［7］陈晓华，黄先海，刘慧．中国出口技术结构演进的机理与实证研究［J］．管理世界，2011，3：44－57．

［8］陈晓华，刘慧．出口技术复杂度演进加剧了就业性别歧视？——基于跨国动态面板数据的系统 GMM 估计［J］．科学学研究，2015，4：549－560．

［9］陈怡，孙文远．贸易开放，出口商品结构与收入不平等——基于南北贸易模型的经验分析［J］．国际贸易问题，2015，10：152－164．

［10］陈再华．北京城市非婚姻状态居民结婚难易程度分析［J］．人口研究，1994，4：36－42．

［11］陈仲常，刘林鹏．我国工业制成品出口结构变迁对经济增长的实证分析［J］．国际贸易问题．2006，10：11－16．

［12］刁莉，朱琦．生产性服务进口贸易对中国制造业服务化的影响［J］．中国软科学，2018，8：49－57．

［13］都阳．中国低生育率水平的形成及其对长期经济增长的影响［J］．世界经济，2005，28（12）：14－23．

［14］杜修立，王维国．中国出口贸易的技术结构及其变迁：1980—2003［J］．经济研究，2007，42（7）：137－151．

［15］樊纲，关志雄，姚枝仲．国际贸易结构分析：贸易品的技术分布［J］．经济研究，2006，41（8）：70－80．

［16］费孝通．生育制度［M］．北京：北京联合出版公司，2018．

［17］冯其云，朱彤．贸易开放与女性劳动参与率——基于省级面板数据的经验研究［J］．南开经济研究，2013，4：139－152．

［18］干春晖．中国产业结构变迁对经济增长和波动的影响［J］．国民经济管理（人大复印），2011，8：11－24．

［19］顾乃华，夏杰长．对外贸易与制造业投入服务化的经济效应——基于2007年投入产出表的实证研究［J］．社会科学研究，2010，5：17－21．

［20］关志雄．从美国市场看"中国制造"的实力—以信息技术产品为中心［J］．国际经济评论，2002，4：5－12．

［21］洪世勤，刘厚俊．出口技术结构变迁与内生经济增长：基于行业数据的研究［J］．世界经济，2013，36（6）：79－107．

［22］胡昭玲，刘旭．中国工业品贸易的就业效应——基于32个行业面板数据的实证分析［J］．财贸经济，2007，8：88－93．

［23］黄匡时，马小红．关于低生育率的理论综述［J］．福建行政学院学报，2011，6：44－50．

［24］黄群慧，霍景东．全球制造业服务化水平及其影响因素：基于国际投入产出数据的实证分析［J］．经济管理，2014，1：1－11．

［25］黄先海，陈晓华，刘慧．产业出口复杂度的测度及其动态演进机理分析：基于 52 个经济体 1993～2006 年金属制品出口的实证研究［J］．管理世界，2010，3：44－55．

［26］黄志岭，姚先国．教育回报率的性别差异研究［J］．世界经济，2009，7：74－83．

［27］江静，刘志彪，于明超．生产者服务业发展与制造业效率提升：基于地区和行业面板数据的经验分析［J］．世界经济，2007，8：52－62．

［28］江涛．中国性别结构失衡、搜寻匹配与婚姻推迟——一项基于经济学的解释及其验证［J］．人文杂志，2013，10：48－54．

［29］靳小怡，彭希哲，李树茁，等．社会网络与社会融合对农村流动妇女初婚的影响［J］．人口与经济，2005，5：53－59．

［30］雷权勇，祁春节，孙楚仁．进口贸易自由化会提高中国居民的健康水平吗——基于 2010—2015 年 CGSS 数据的研究［J］．国际贸易问题，2021，9：51－69．

［31］李荣林，姜茜．我国对外贸易结构对产业结构的先导效应检验——基于制造业数据分析［J］．国际贸易问题，2010，8：3－12．

［32］李小平．中间品进口种类扩张对企业出口复杂度的影响［J］．统计研究，2021，38，4：45－57．

［33］李永萍．北方农村高额彩礼的动力机制——基于"婚姻市场"的实践分析［J］．青年研究，2018，2：24－34，94－95．

［34］梁敬东，霍景东．制造业服务化与经济转型：机理与实证［J］．首都经济贸易大学学报，2017，19（2）：65－72．

［35］梁平，梁彭勇，黄金．我国对外贸易就业效应的区域差异分析——基于省级面板数据的检验［J］．世界经济研究，2008，1：48－52．

［36］刘斌，李磊．贸易开放与性别工资差距［J］．经济学（季刊），2012，11（2）：429－459．

［37］刘斌，王乃嘉．制造业投入服务化与企业出口的二元边际——基

于中国微观企业数据的经验研究［J］．中国工业经济，2016，9：59－74．

［38］刘斌，魏倩，吕越，祝坤福．制造业服务化与价值链升级［J］．经济研究，2016，51（3）：151－162．

［39］刘斌，赵晓斐．制造业投入服务化、服务贸易壁垒与全球价值链分工［J］．经济研究，2020，55（7）：159－174．

［40］刘灿雷，高超，王永进．"开放"与"解放"？——基于中国出口增长与女性婚育表现的实证考察［J］．财贸经济，2022，2：146－160．

［41］刘军，杨浩昌，崔维军．出口贸易对就业的影响及其地区差异——基于我国省级面板数据的实证研究［J］．世界经济与政治论坛，2016，1：132－147．

［42］刘铠豪，佟家栋，刘润娟．出口规模扩张对儿童发病率的影响——来自中国的证据［J］．南开经济研究，2021，3：86－112．

［43］刘铠豪，佟家栋，刘润娟．中国出口规模扩张的健康成本——来自成年人发病率的证据［J］．中国工业经济，2019，8：118－135．

［44］刘铠豪，王雪芳，佟家栋．贸易自由化与婚姻：来自中国的证据［J］．经济学报，2022，1：182－257．

［45］刘维刚，倪红福．制造业投入服务化与企业技术进步：效应及作用机制［J］．财贸经济，2018，8：126－140．

［46］刘维林，李兰冰，刘玉海．全球价值链嵌入对中国出口技术复杂度的影响［J］．中国工业经济．2014，6：83－95．

［47］刘玉海，张默涵．贸易技术含量、偏向型技术进步与中国就业结构［J］．国际贸易问题，2017，7：74－84．

［48］刘志彪．生产者服务业及其集聚：攀升全球价值链的关键要素与实现机制［J］．中国经济问题，2008，1：3－12．

［49］吕云龙，吕越．制造业出口服务化与国际竞争力——基于增加值贸易的视角［J］．国际贸易问题，2017，5：25－34．

［50］马盈盈，盛斌．制造业服务化与出口技术复杂度：基于贸易增

加值视角的研究 [J]. 产业经济研究, 2018, 4: 1 – 13.

[51] 毛日昇. 出口、外商直接投资与中国制造业就业 [J]. 经济研究, 2009, 11: 105 – 117.

[52] 倪红福. 中国出口技术含量动态变迁及国际比较 [J]. 经济研究, 2017, 52 (1): 44 – 57.

[53] 钱学锋, 魏朝美. 出口与女性的劳动参与率——基于中国工业企业数据的研究 [J]. 北京师范大学学报: 社会科学版, 2014, 6: 95 – 110.

[54] 秦光远, 张牧青, 熊伟. 我国出口服务化水平对企业加成率影响的实证研究——以制造业出口企业为例 [J]. 新疆财经, 2020, 4: 45 – 56.

[55] 卿石松, 丁金宏. 生育意愿中的独生属性与夫妻差异——基于上海市夫妻匹配数据的分析 [J]. 中国人口科学, 2015, 5: 81 – 93.

[56] 卿石松. 夫妻生育偏好变化及其相互影响 [J]. 中国人口科学, 2020, 5: 106 – 115.

[57] 邱爱莲, 崔日明, 徐晓龙. 生产性服务贸易对中国制造业全要素生产率提升的影响: 机理及实证研究——基于价值链规模经济效应角度 [J]. 国际贸易问题, 2014, 6: 71 – 80.

[58] 盛斌, 牛蕊. 贸易、劳动力需求弹性与就业风险: 中国工业的经验研究 [J]. 世界经济, 2009, 6: 3 – 15.

[59] 宋延武, 王虹, 邓小英. 外国直接投资与我国出口结构和出口竞争力的关系研究——基于 SPSS 回归模型的实证分析与检验 [J]. 国际贸易问题, 2007, 5: 16 – 22.

[60] 宋月萍, 张龙龙, 段成荣. 传统、冲击与嬗变: 新生代农民工婚育选择探析 [J]. 人口与经济, 2012, 6: 8 – 15.

[61] 苏振东, 周玮庆. 出口贸易结构变迁对中国经济增长的非对称影响效应研究——基于产品技术附加值分布的贸易结构分析法和动态面板数据模型的经验研究 [J]. 世界经济研究, 2009, 5: 42 – 47.

[62] 孙楚仁, 王松, 陈瑾. 国家制度、行业制度密集度与出口比较

优势［J］. 国际贸易问题，2018，2：33 - 42.

［63］孙炜红，谭远发. 1989—2030 年中国人口婚姻挤压研究［J］. 青年研究，2015，5：78 - 84.

［64］孙永强，巫和懋. 出口结构，城市化与城乡居民收入差距［J］. 世界经济，2012，9：105 - 120.

［65］铁瑛，何欢浪. 城市劳动供给与出口产品质量升级——"成本效应"抑或"技能效应"［J］. 国际贸易问题，2019，9：26 - 39.

［66］汪建新."中国出口商品结构之谜"——一个垂直专业化解释视角［J］. 国际贸易问题，2013，7：26 - 37.

［67］王博. 外商直接投资对我国出口增长和出口结构的影响研究：1983—2006［J］. 国际贸易问题，2009，6：91 - 95.

［68］王文平，王丽媛. 我国的出口商品结构与经济增长——加入WTO 前后的比较分析［J］. 世界经济研究，2011，12：21 - 25.

［69］王小鲁，樊纲，胡李鹏. 中国分省份市场化指数报告（2018）［M］. 北京：社会科学文献出版社，2019.

［70］王孝松，翟光宇，林发勤. 中国出口产品技术含量的影响因素探究［J］. 数量经济技术经济研究，2014，31（11）：21 - 36.

［71］王永齐. 贸易结构、技术密度与经济增长：一个分析框架及基于中国数据的检验［J］. 经济学（季刊），2006，3：1007 - 1022.

［72］王有智，彭飞. 婚姻存续时间及其影响因素——对 4429 宗协议离婚案的实证分析［J］. 青年研究，2003，6：42 - 48.

［73］魏浩，王浙鑫，惠巧玲. 中国工业部门进出口贸易的就业效应及其差异性研究［J］. 国际商务：对外经济贸易大学学报，2013，2：5 - 14.

［74］吴帆. 生育意愿研究：理论与实证［J］. 社会学研究，2020，4：218 - 240.

［75］吴要武，刘倩. 高校扩招对婚姻市场的影响：剩女？剩男？［J］. 经济学（季刊），2014，14（1）：5 - 30.

［76］吴要武．高学历女性：城市婚姻市场上的弱者？［J］．城市与环境研究，2016，3：20－34．

［77］席艳乐，陈小鸿．贸易自由化与中国性别就业差异［J］．现代财经：天津财经学院学报，2014，7：80－91．

［78］席艳乐，于江曼，向鹏飞．中间品，最终品贸易与中国性别就业差异的实证研究［J］．山西财经大学学报，2014，3：55－66．

［79］熊永莲，谢建国．贸易开放，女性劳动收入与中国的生育率［J］．财经科学，2016，4：113－122．

［80］许和连，成丽红，孙天阳．制造业投入服务化对企业出口国内增加值的提升效应——基于中国制造业微观企业的经验研究［J］．中国工业经济，2017，10：62－80．

［81］许琪．从父职工资溢价到母职工资惩罚——生育对我国男女工资收入的影响及其变动趋势研究（1989－2015）［J］．社会学研究，2021，5：1－24．

［82］续继，黄娅娜．性别认同与家庭中的婚姻及劳动表现［J］．经济研究，2018，4：136－150．

［83］阳李．我国婚姻状况之变化及其法律对策［J］．商丘师范学院学报，2019，11：78－85．

［84］杨丹辉，侯民军．中国工业制成品出口竞争力的实证分析［J］．河北经贸大学学报，2003，24（6）：16－22．

［85］叶文振．当代中国婚姻问题的经济学思考［J］．人口研究，1997，6：11－17．

［86］易力，李世美，刘冰．出口商品结构优化与经济增长相互作用的实证研究——基于我国初级产品与工业制成品出口的协整分析［J］．国际贸易问题，2006，9：5－11．

［87］尹志超，张诚．女性劳动参与对家庭储蓄率的影响［J］．经济研究，2019，54（4）：165－181．

[88] 於嘉，赵晓航，谢宇．当代中国婚姻的形成与解体：趋势与国际比较 [J]．人口研究，2020，44（5）：3 – 18．

[89] 俞会新，薛敬孝．中国贸易自由化对工业就业的影响 [J]．世界经济，2002，10：10 – 13．

[90] 喻美辞．工业品贸易对中国工业行业入口就业的影响：基于34个工业行业面板数据的实证分析 [J]．中国人口科学，2008，4：22 – 29．

[91] 袁征宇，王思语，郑乐凯．制造业投入服务化与中国企业出口产品质量 [J]．国际贸易问题，2020，10：82 – 96．

[92] 张宏，王霄，潘雨晨．中国 OFDI 对出口结构的影响研究 ——以 "一带一路" 为背景 [J]．亚太经济，2019，4：79 – 87．

[93] 章逸然，章飚，胡凤英． "女大难嫁" 还是 "男大难婚" ——婚姻匹配的男女差异与 "剩男剩女" 的代价 [J]．人口与经济，2015，5：13 – 24．

[94] 赵奎，后青松，李巍．省会城市经济发展的溢出效应——基于工业企业数据的分析 [J]．经济研究，2021，3：150 – 166．

[95] 钟熙维，朱梦醒．出口商品技术结构及其对经济增长的影响——基于巴西数据的动态面板模型研究 [J]．国际贸易问题，2012，8：57 – 65．

[96] 周茂，陆毅，符大海．贸易自由化与中国产业升级：事实与机制 [J]．世界经济，2016，10：78 – 102．

[97] 周茂，陆毅，李雨浓．地区产业升级与劳动收入份额：基于合成工具变量的估计 [J]．经济研究，2018，11：132 – 147．

[98] 庄渝霞．西方生育决策研究概述——来自经济学，社会学和心理学的集成 [J]．国外社会科学，2009，4：74 – 80．

[99] Acemoglu, D., Autor, D., Dorn, D., Hanson, G. H., & Price, B. . Import competition and the great US employment sag of the 2000s [J]. Journal of Labor Economics, 2016, 34（S1）：S141 – S198.

[100] Aguayo-Tellez, E., Airola, J., Juhn, C., & Villegas-Sanchez, C.. Did trade liberalization help women? The case of Mexico in the 1990s [J]. Research in Labor Economics, 2014, 38: 1 – 35.

[101] Ajzen, I., & Klobas, J.. Fertility intentions: An approach based on the theory of planned behavior [J]. Demographic Research, 2013 (29): 203 – 232.

[102] Allen, T., Arkolakis, C., & Takahashi, Y.. Universal gravity [J]. Journal of Political Economy, 2020, 128 (2): 393 – 433.

[103] Amiti, M., & Shang-jin, Wei.. Service offshoring and productivity: Evidence from the US [J]. World Economy, 2009, 32 (2): 203 – 220.

[104] Amiti, M., & Freund, C.. The anatomy of China's export growth [J]. China's Growing Role in World Trade, 2010: 35 – 56.

[105] Anukriti, S., & Kumler, T. J.. Women's worth: Trade, female income, and fertility in India [J]. Economic Development and Cultural Change, 2019, 67 (3): 687 – 724.

[106] Autor, D. H., Dorn, D., & Hanson, G. H.. The China syndrome: Local labor market effects of import competition in the United States [J]. American Economic Review, 2013, 103 (6): 2121 – 68.

[107] Autor, D. H., Dorn, D., & Hanson, G. H.. The China shock: Learning from labor-market adjustment to large changes in trade [J]. Annual Review of Economics, 2016, 8: 205 – 240.

[108] Autor, D. H., Dorn, D., Hanson, G. H., & Song, J.. Trade adjustment: Worker-level evidence [J]. The Quarterly Journal of Economics, 2014, 129 (4): 1799 – 1860.

[109] Autor, D. H., Dorn, D., Hanson, G., & Majlesi, K.. Importing political polarization? The electoral consequences of rising trade exposure [J]. American Economic Review, 2020, 110 (10): 3139 – 3183.

［110］Autor, D. H., Dorn, D., & Hanson, G.. When work disappears: Manufacturing decline and the falling marriage market value of young men ［J］. American Economic Review: Insights, 2019, 1 （2）: 161 – 178.

［111］Balassa, B.. Trade liberalisation and "revealed" comparative advantage ［J］. The Manchester School, 1965, 33 （2）: 99 – 123.

［112］Baldone, S., Sdogati, F., & Tajoli, L. On some effects of international fragmentation of production on comparative advantages, trade flows and the income of countries ［J］. World Economy, 2007, 30 （11）: 1726 – 1769.

［113］Balsvik, R., Jensen, S., & Salvanes, K. G.. Made in China, sold in Norway: Local labor market effects of an import shock ［J］. Journal of Public Economics, 2015 （127）: 137 – 144.

［114］Barro, R. J., & Becker, G. S.. Fertility choice in a model of economic growth ［J］. Econometrica, 1989, 57 （2）: 481 – 501.

［115］Becker, G. S.. The economics of discrimination ［M］. Illinois: The University of Chicago Press, 1957.

［116］Becker, G. S.. A theory of the allocation of time ［J］. The Economic Journal, 1965, 75 （299）: 493 – 517.

［117］Becker, G. S.. A theory of marriage: Part I ［J］. Journal of Political economy, 1973, 81 （4）: 813 – 846.

［118］Becker, G. S.. A theory of marriage: Part II ［J］. Journal of political Economy, 1974, 82 （2）: S11 – S26.

［119］Becker, G. S.. Treatise on the family ［M］. Boston: Harvard University Press, Cambridge, 1981.

［120］Becker, G. S.. An economic analysis of fertility ［M］. Demographic and Economic Change in Developed Countries. Princeton: Princeton University Press, 1960.

［121］Becker, G. S., & Lewis, H. G.. On the interaction between the quantity and quality of children [J]. Journal of Political Economy, 1973, 81, S279 – 288.

[122] Becker, G. S., & Tomes, N.. Child endowments and the quantity and quality of children [J]. Journal of Political Economy, 1976, 84 (4): S143 – S162.

[123] Becker, S. O., Cinnirella, F., & Woessmann, L.. The trade-off between fertility and education: Evidence from before the demographic transition [J]. Journal of Economic Growth, 2010, 15 (3): 177 –204.

[124] Benguria, F., & Ederington, J.. Decomposing the effect of trade on the gender wage gap [J]. Available at SSRN 2907094, 2017.

[125] Berik, G., Rodgers, Y. V. D. M., & Zveglich, J.. International trade and gender wage discrimination: Evidence from East Asia [J]. Review of Development Economics, 2004, 8 (2): 237 –254.

[126] Bernard, A. B., Jensen, J. B., & Schott, P. K.. Survival of the best fit: Exposure to low-wage countries and the (uneven) growth of U. S. manufacturing plants [J]. Journal of International Economics, 2006, 68 (1): 219 –237.

[127] Bertrand, M., Kamenica, E., & Pan, J.. Gender identity and relative income within households [J]. The Quarterly Journal of Economics, 2015, 130 (2): 571 –614.

[128] Black, D. A., Kolesnikova, N., Sanders, S. G., & Taylor, L. J.. Are children "normal"? [J]. The Review of Economics and Statistics, 2013, 95 (1): 21 –33.

[129] Black, S. E., & Brainerd, E.. Importing equality? The impact of globalization on gender discrimination [J]. ILR Review, 2004, 57 (4): 540 –559.

[130] Blau, F. D., Kahn, L. M., & Waldfogel, J.. Understanding young women's marriage decisions: The role of labor and marriage market condi-

tions [J]. ILR Review, 2000, 53 (4): 624 –647.

[131] Bloom, D. E., & Reddy, P. H.. Age patterns of women at marriage, cohabitation, and first birth in India [J]. Demography, 1986: 509 –523.

[132] Blossfeld, H. P., & Huinink, J.. Human capital investments or norms of role transition? How women's schooling and career affect the process of family formation [J]. American Journal of Sociology, 1991, 97 (1): 143 –168.

[133] Bombardini, M., & Li, B.. Trade, pollution and mortality in China [J]. Journal of International Economics, 2020, 125: 103 –321.

[134] Braga, B.. The effects of unilateral trade liberalization on marriage and fertility choices: Evidence from Brazil [J]. Available at SSRN 3161625. 2018.

[135] Bronfenbrenner, U.. The ecology of human development: Experiments by nature and design [M]. Boston: Harvard University Press, 1979.

[136] Bühler, C., & Fratczak, E.. Learning from others and receiving support: The impact of personal networks on fertility intentions in Poland [J]. European Societies, 2007, 9 (3): 359 –382.

[137] Bühler, C., & Philipov, D.. Social capital related to fertility: Theoretical foundations and empirical evidence from Bulgaria [J]. Vienna Yearbook of Population Research, 2005, 3: 53 –81.

[138] Bussmann, M.. The effect of trade openness on women's welfare and work life [J]. World Development, 2009, 37 (6): 1027 –1038.

[139] Campante, F. R., Chor, D., & Li, B.. The political economy consequences of China's export slowdown (No. w25925). National Bureau of Economic Research, 2019.

[140] Che, Y., Lu, Y., Pierce, J. R., Schott, P. K., & Tao, Z.. Does trade liberalization with China influence US elections? (No. w22178). National Bureau of Economic Research, 2016.

［141］ Cohen, W. M. , Nelson, R. , & Walsh, J. P. . Protecting their intellectual assets: Appropriability conditions and why US manufacturing firms patent (or not) ［J］. 2000.

［142］ Colantone, I. , & Stanig, P. . Global competition and Brexit ［J］. American Political Science Review, 2018, 112 (2): 201 –218.

［143］ Colantone, I. , Crino, R. , & Ogliari, L. Globalization and mental distress ［J］. Journal of International Economics, 2019, 119: 181 –207.

［144］ Cross, C. , & Linehan, M. . Barriers to advancing female careers in the high-tech sector: Empirical evidence from Ireland ［J］. Women in Management Review, 2006.

［145］ Crozet, M. , Hering, L. , & Poncet, S. . Looking for the bright side of the China syndrome: Rising export opportunities and life satisfaction in China. CEPII, 2018.

［146］ Dai, M. , W. Huang, & Y. Zhang. . How do households adjust to tariff liberalization? Evidence from China's WTO accession ［J］. Journal of Development Economics, 2021: 102 –628.

［147］ Dauth, W. , Findeisen, S. , & Suedekum, J. . The rise of the East and the Far East: German labor markets and trade integration ［J］. Journal of the European Economic Association, 2014, 12 (6): 1643 –1675.

［148］ Dehejia, R. , & Lleras-Muney, A. . Booms, busts, and babies' health ［J］. The Quarterly Journal of Economics, 2004, 119 (3): 1091 –1130.

［149］ Del Bono, E. , Weber, A. , & Winter-Ebmer, R. . Clash of career and family: Fertility decisions after job displacement ［J］. Journal of the European Economic Association, 2012, 10 (4): 659 –683.

［150］ Dix-Carneiro, R. , Soares, R. R. , & Ulyssea, G. . Economic shocks and crime: Evidence from the brazilian trade liberalization ［J］. American Economic Journal: Applied Economics, 2018, 10 (4): 158 –195.

［151］Dix-Carneiro, R., & Kovak, B.. Trade liberalization and regional dynamics ［J］. American Economic Review, 2017, 107（10）：2908 – 2946.

［152］Doepke, M.. Gary Becker on the quantity and quality of children ［J］. Journal of Demographic Economics, 2015, 81（1）：59 – 66.

［153］Donoso, V., Martín, V., & Minondo, A.. Do differences in the exposure to Chinese imports lead to differences in local labour market outcomes? An analysis for Spanish provinces ［J］. Regional Studies, 2015, 49（10）：1746 – 1764.

［154］Dougherty, C.. Why are the returns to schooling higher for women than for men? ［J］. Journal of Human Resources, 2005, 40（4）：969 – 988.

［155］Drèze, J., & Murthi, M.. Fertility, education and development：Further evidence from India ［J］. International Studies Papers, 2000.

［156］Erten, B., Leight, J., & Tregenna, F.. Trade liberalization and local labor market adjustment in South Africa ［J］. Journal of International Economics, 2019, 118：448 – 467.

［157］Fan, H., Lin, F., & Lin, S.. The hidden cost of trade liberalization：Input tariff shocks and worker health in China ［J］. Journal of International Economics, 2020, 126：103 – 349.

［158］Foster, C.. The limits to low fertility：A biosocial approach ［J］. Population and Development Review, 2000, 26（2）：209 – 234.

［159］Gaddis, I., & Pieters, J. The gendered labor market impacts of trade liberalization evidence from Brazil ［J］. Journal of Human Resources, 2017, 52（2）：457 – 490.

［160］Galor, O., & Weil, D. N.. The gender gap, fertility, and growth（No. w4550）. National Bureau of Economic Research, 1993.

［161］Galor, O., & Weil, D. N.. From Malthusian stagnation to modern growth ［J］. American Economic Review, 1999, 89（2）：150 – 154.

［162］Galor, O., & Weil, D. N.. Population, technology, and growth: From Malthusian stagnation to the demographic transition and beyond ［J］. American Economic Review, 2000, 90 (4): 806 – 828.

［163］Giuntella, O., Rotunno, L., & Stella, L.. Globalization, fertility and marital behavior in a lowest-low fertility setting (No. w30119). National Bureau of Economic Research, 2022.

［164］Glasmeier, A., & Howland, M.. Service-led rural development: Definitions, theories, and empirical evidence ［J］. International Regional Science Review, 1993, 16 (2): 197 – 229.

［165］Grossman, G. M., & Rossi-Hansberg, E.. External economies and international trade redux ［J］. The Quarterly Journal of Economics, 2010, 125 (2): 829 – 858.

［166］Hakobyan, S., & McLaren, J.. Looking for local labor market effects of NAFTA ［J］. Review of Economics and Statistics, 2016, 98 (4): 728 – 741.

［167］Hausmann, R., Hwang, J., & Rodrik, D.. What you export matters ［J］. Journal of Economic Growth, 2007, 12 (1): 1 – 25.

［168］Heckman, J. J., & Walker, J. R.. The relationship between wages and income and the timing and spacing of births: Evidence from Swedish longitudinal data ［J］. Econometrica: Journal of the Econometric Society, 1990: 1411 – 1441.

［169］Helpman, E., Itskhoki, O., & Redding, S.. Inequality and unemployment in a global economy ［J］. Econometrica, 2010, 78 (4): 1239 – 1283.

［170］Hummels, D., Munch, J., & Xiang, C.. No pain, no gain: the effects of exports on effort, injury, and illness (NO. w22365). Cambridge, MA, USA: National Bureau of Economic Research, 2016.

［171］ Huttunen, K., & Kellokumpu, J.. The effect of job displacement on couples' fertility decisions ［J］. Journal of Labor Economics, 2016, 34 (2): 403 – 442.

［172］ Jarreau, J., & Poncet, S.. Export sophistication and economic performance: evidence from Chinese provinces ［J］. CEPII, 2009.

［173］ Jensen, R.. Do labor market opportunities affect young women's work and family decisions? Experimental evidence from India ［J］. The Quarterly Journal of Economics, 2012, 127 (2): 753 – 792.

［174］ Johnson-Hanks, J. A., Bachrach, C. A., Morgan, S. P., & Kohler, H. P.. Understanding family change and variation: Toward a theory of conjunctural action ［J］. Population and Development Review, 2014, 40 (1): 173 – 174.

［175］ Jones, L. E., & Tertilt, M.. An economic history of fertility in the United States: 1826 – 1960 ［J］. Frontiers of Family Economics, 2008: 165 – 230.

［176］ Juhn, C., Ujhelyi, G., & Villegas-Sanchez, C. Trade liberalization and gender inequality ［J］. American Economic Review, 2013, 103 (3): 269 – 273.

［177］ Kabeer, N., & Mahmud, S.. Globalization, gender and poverty: Bangladeshi women workers in export and local markets ［J］. Journal of international development, 2004, 16 (1): 93 – 109.

［178］ Keeley, M. C.. The economics of family formation: an investigation of the age at first marriage ［J］. Economic Inquiry, 1977: 238 – 250.

［179］ Keeley, M. C.. An analysis of the age pattern of first marriage ［J］. International Economic Review, 1979: 527 – 544.

［180］ Keller, W., & Utar, H.. Globalization, gender, and the family. The Review of Economic Studies, 2022, 89 (6): 3381 – 3409.

[181] Kis-Katos, K. , Pieters, J. , & Sparrow, R. . Globalization and social change: Gender-specific effects of trade liberalization in Indonesia [J]. IMF Economic Review, 2018, 66 (4): 763 – 793.

[182] Kovak, B. K. . Regional effects of trade reform: What is the correct measure of liberalization? [J]. American Economic Review, 2013, 103 (5): 1960 – 1976.

[183] La Ferrara, E. , Chong, A. , & Duryea, S. . Soap operas and fertility: Evidence from Brazil [J]. American Economic Journal: Applied Economics, 2012, 4 (4): 1 – 31.

[184] Lall, S. . The Technological structure and performance of developing country manufactured exports, 1985 – 98 [J]. Oxford Development Studies, 2000, 28 (3): 337 – 369.

[185] Lam, D. , & Duryea, S. Effects of schooling on fertility, labor supply, and investments in children, with evidence from Brazil [J]. Journal of Human Resources, 1999: 160 – 192.

[186] Lancaster, K. J. . A new approach to consumer theory [J]. Journal of Political Economy, 1966, 74 (2): 132 – 157.

[187] Lang, M. , McManus, T. C. , & Schaur, G. . The effects of import competition on health in the local economy [J]. Health Economics, 2019, 28 (1): 44 – 56.

[188] Lavely, W. , & Freedman, R. . The origins of the Chinese fertility decline [J]. Demography, 1990, 27 (3): 357 – 367.

[189] Lay, G. , Copani, G. , Jäger, A. , & Biege, S. . The relevance of service in European manufacturing industries [J]. Journal of Service Management, 2010.

[190] Levin, A. , & Raut, L. K. . Complementarities between exports and human capital in economic growth: Evidence from the semi-industrialized

countries [J]. Economic Development and Cultural Change, 1997, 46 (1): 155 – 117.

[191] Levine, D. I., & Rothman, D.. Does trade affect child health [J]. Journal of Health Economics, 2006, 25 (3): 538 – 554.

[192] Lindo, J. M.. Are children really inferior goods? Evidence from displacement-driven income shocks [J]. Journal of Human Resources, 2010, 45 (2): 301 – 327.

[193] Macpherson, A.. Producer service linkages and industrial innova-tion: Results of a twelve-year tracking study of new york state manufacturers [J]. Growth and Change, 2008, 39 (1): 1 – 23.

[194] McElroy, M., & Yang, D. T.. Carrots and sticks: fertility effects of China's population policies [J]. American Economic Review, 2000, 90 (2): 389 – 392.

[195] McManus, T. C., & Schaur, G.. The effects of import competi-tion on worker health [J]. Journal of International Economics, 2016, 102 (9): 160 – 172.

[196] Merrigan, P., & Pierre, Y. S.. An econometric and neoclassi-cal analysis of the timing and spacing of births in Canada from 1950 to 1990 [J]. Journal of Population Economics, 1998, 11 (1): 29 – 51.

[197] Miller, W. B., & Pasta, D. J.. Motivational and nonmotiva-tional determinants of child-number desires [J]. Popul Environ, 1993, 15: 113 – 138.

[198] Mincer, J.. Market prices, opportunity costs, and income effects [J]. Measurement in Economics, 1963: 67 – 82.

[199] Moffitt, R. A.. The effect of welfare on marriage and fertility [M]. Washington, DC: National Academy Press, 1998: 50 – 97.

[200] Naughton, B. J.. The Chinese economy: Transitions and growth

［M］. MIT Press, 2006.

［201］ Neely, A. The servitization of manufacturing: an analysis of global trends ［R］. In 14th European Operations Management Association Conference, 2007.

［202］ Nicita, A. , & Razzaz, S. . Who benefits and how much? How gender affects welfare impacts of a booming textile industry ［R］. The World Bank, 2003.

［203］ Novignon, J. , & Atakorah, Y. B. . How does the health sector benefit from trade openness? Evidence from panel data across Sub-Saharan Africa countries ［R］. MPRA Paper 72258, University Library of Munich, Germany, 2016.

［204］ Ozler, S. . Export orientation and female share of employment: Evidence from Turkey ［J］. World Development, 2000, 28（7）: 1239 – 1248.

［205］ Paul-Majumder, P. , & Begum, A. . The gender imbalances in the export oriented garment industry in Bangladesh ［M］. Washington, DC: World Bank, Development Research Group/Poverty Reduction and Economic Management Network, 2000.

［206］ Philipov, D. , Spéder, Z. , & Billari, F. C. . Soon, later, or ever? The impact of anomie and social capital on fertility intentions in Bulgaria（2002）and Hungary（2001）［J］. Population Studies, 2006, 60（3）: 289 – 308.

［207］ Pierce, J. R. , & Schott, P. K. . The surprisingly swift decline of US manufacturing employment ［J］. American Economic Review, 2016, 106（7）: 1632 – 62.

［208］ Pierce, J. R. , & Schott, P. K. . Trade liberalization and mortality: evidence from US counties ［J］. American Economic Review: Insights, 2020, 2（1）: 47 – 64.

［209］Qadir, N. , & Majeed, M. . The impact of trade liberalization on health：Evidence from Pakistan ［J］. Empirical Economic Review, 2018, 1 (1)：71 – 108.

［210］Quisumbing, A. R. , & Hallman, K. . Marriage in transition：Evidence on age, education, and assets from six developing countries ［J］. The Changing Transitions to Adulthood in Developing Countries：Selected Studies, 2005：200 – 269.

［211］Reiskin, E. D. , White, A. L. , Johnson, J. K. , & Votta, T. J. . Servicizing the chemical supply chain ［J］. Journal of Industrial Ecology, 1999, 3 (2 – 3)：19 – 31.

［212］Revenga, A. . Employment and wage effects of trade liberalization：the case of Mexican manufacturing ［J］. Journal of Labor Economics, 1997, 15 (S3)：S20 – S43.

［213］Robinson, T. , Clarke-Hill, C. M. , & Clarkson, R. . Differentiation through Service：A perspective from the commodity chemicals sector ［J］. Service Industries Journal, 2002, 22 (3)：149 – 166.

［214］Rodgers, J. L. , Hughes, K. , Kohler, H. P. , Christensen, K. , Doughty, D. , Rowe, D. C. , & Miller, W. B. . Genetic influence helps explain variation in human fertility：Evidence from recent behavioral and molecular genetic studies ［J］. Current Directions in Psychological Science, 2001, 10 (5)：184 – 188.

［215］Rodrik, D. . What's so special about China's exports？ ［J］. China & World Economy, 2006, 14 (5)：1 – 19.

［216］Rosenzweig, M. R. , & Wolpin, K. I. . Testing the quantity-quality fertility model：The use of twins as a natural experiment ［J］. Econometrica：Journal of the Econometric Society, 1980：227 – 240.

［217］Rosenzweig, M. R. , & Zhang, J. . Do population control policies induce more human capital investment? Twins, birth weight and China's "one-child" policy [J]. The Review of Economic Studies, 2009, 76 (3): 1149 – 1174.

[218] Santos, F. P.. Marital instability and male-female complementarity, 1971.

[219] Schott, P. K.. The relative sophistication of Chinese exports [J]. Economic Policy, 2008, 23 (53): 6 – 49.

[220] Schultz, T. P.. Changing world prices, women's wages, and the fertility transition: Sweden, 1860 – 1910 [J]. Journal of Political Economy, 1985, 93 (6): 1126 – 1154.

[221] Schultz, T. P.. Human capital, family planning, and their effects on population growth [J]. The American Economic Review, 1994, 84 (2): 255 – 260.

[222] Schultz, T. P.. Demand for children in low income countries [J]. Handbook of Population and Family Economics, 1997, 1: 349 – 430.

[223] Sengupta, S.. The effect of trade liberalization on marriage and fertility: Evidence from Indian districts. Available at SSRN 3440864, 2019.

[224] Shephard, A.. Marriage market dynamics, gender, and the age gap, 2019.

[225] Shiue, C. H.. Human capital and fertility in Chinese clans before modern growth [J]. Journal of Economic Growth, 2017, 22 (4): 351 – 396.

[226] Tejani, S., & Milberg, W.. Global defeminization? Industrial upgrading and manufacturing employment in developing countries [J]. Feminist Economics, 2016, 22 (2): 24 – 54.

[227] Terra, M. I., Bucheli, M., & Estrades, C.. Trade openness and gender in Uruguay: a CGE analysis [J]. Poverty and Economic Policy Research Network Working Paper, 2009.

[228] Van Assche, A.. China's electronics exports: Just a standard

trade theory case ［J］. Policy Options, 2006, 27 (6).

［229］Vandermerwe, S. , & Rada, J. . Servitization of business：Adding value by adding services ［J］. European Management Journal, 1988, 6 (4)：314 – 324.

［230］Vandermerwe, S. . The electronic go-between service provider'：a newmiddle'role taking centre stage ［J］. European Management Journal, 1999, 17 (6)：598 – 608.

［231］Weber, M. . Economy and society：An outline of interpretive sociology ［M］. University of California press, 1978.

［232］White, A. L. , Stoughton, M. , & Feng, L. . Servicizing：the quiet transition to extended product responsibility ［J］. Boston：Tellus Institute, 1999.

［233］Willis, R. J. . A new approach to the economic theory of fertility behavior ［J］. Journal of Political Economy, 1973, 81 (2)：S14 – S64.

［234］Wood, A. . North-South trade and female labour in manufacturing：An asymmetry ［J］. The Journal of Development Studies, 1991, 27 (2)：168 – 189.

［235］Wörz, J. . Skill intensity in foreign trade and economic growth ［J］. Empirica, 2005, 32 (1)：117 – 144.

［236］Xu, B. . The sophistication of exports：Is China special? ［J］. China Economic Review, 2010, 21 (3)：482 – 493.

［237］Yi, Z. , & Sun, C. . Import trade liberalization and individual happiness：Evidence from Chinese general social survey 2010 – 2015 ［J］. Applied Economics, 2021：1 – 19.

［238］Zhou, Y. . Economic resources, cultural matching, and the rural-urban boundary in China's marriage market ［J］. Journal of Marriage and Family, 2019, 81 (3)：567 – 583.

附　录

附录1：基于 CGSS 数据对出口规模扩张、就业和收入渠道的再检验

利用中国综合社会调查数据（CGSS），此处再次检验了出口规模扩张对个体就业和收入境况的影响，以考察出口规模扩张是否会通过促进就业、提高收入从而导致个体婚育表现不佳。附图1−1直观展示了省份有收入个体份额与省份出口规模扩张（采用省份层面的出口机会测度）之间的相关关系。

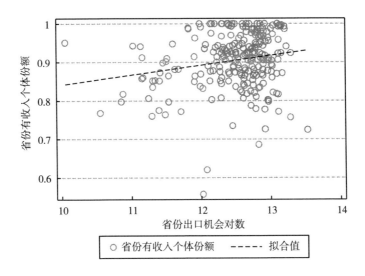

附图1−1　省份有收入个体份额与省份出口规模扩张的相关关系

附表 1-1 报告了省份出口规模扩张对个体就业和收入状况影响的实证检验结果，可以看出，出口规模扩张显著促进了个体就业和收入水平提升。

附表 1-1　　　　出口规模扩张、就业和收入——CGSS 数据

变量	个体就业			个体收入		
	(1)	(2)	(3)	(4)	(5)	(6)
	全样本	男性	女性	全样本	男性	女性
lnprovexop	0.280 ****	0.680 ****	0.167 *	0.214 ****	0.190 ***	0.229 **
	(3.62)	(4.44)	(1.87)	(3.50)	(3.03)	(2.17)
_cons	-5.972 ***	-20.21 ****	-5.306 **	-7.724 ****	-8.430 ****	-10.53 ****
	(-3.19)	(-5.74)	(-2.41)	(-5.53)	(-5.77)	(-4.44)
省份固定效应	是	是	是	是	是	是
年份固定效应	是	是	是	是	是	是
观察值	51784	26348	25423	51784	26361	25423

附录2：城市出口技术复杂度的 Bartik 工具变量

采用移动份额法构造 Bartik 工具变量的基本思想在于：用解释变量的初始份额和总体的增长率来模拟历年的估计值，该估计值和实际值高度相关，但是与其残差项不相关。参考周茂等（2018）、赵奎等（2021）构造城市出口技术复杂度的 Bartik 工具变量。根据 $cityprody_{ct} = \sum_{ct} \left(\dfrac{x_{ckt}}{x_{ct}} \right) prody_k$，第 t 年城市 c 的出口技术复杂度与同期该城市的出口结构 $S_{ckt} \left(S_{ckt} = \dfrac{x_{ckt}}{x_{ct}} \right)$ 和产业出口技术复杂度 $prody_k$ 相关。$prody_k$ 仅与产品 p 相关，与时间无关，因此要利用城市期初的出口结构 $\left(S_{ckt_0} = \dfrac{x_{ckt_0}}{x_{ct_0}} \right)$ 和外生的该城市产业的出口增长率来构造城市第 t 年的出口结构 $S_{ckt} \left(S_{ckt} = \dfrac{x_{ckt}}{x_{ct}} \right)$ 的预测值 S_{ckt}^b。具体步骤如下：

首先，计算第 t_0 年到第 t 年城市 c 行业 k 的出口增长率的预测值：

$$g_{(-c)kt_0t} = \frac{x_{(-c)kt}}{x_{(-c)kt_0}} - 1 \tag{2a-1}$$

其中，$x_{(-c)kt}$ 表示第 t 年全国除城市 c 以外的其他所有城市关于产业 k 的出口额；$x_{(-c)kt_0}$ 表示第 t_0 年全国除城市 c 以外的其他所有城市关于产业 k 的出口额。（$\dfrac{x_{(-c)kt}}{x_{(-c)kt_0}}$ 表示第 t_0 年和第 t 年城市 c 行业 k 的出口额比重的预测值）。

其次，计算第 t_0 年到第 t 年城市 c 的出口增长率的预测值：

$$g_{(-c)t_0t} = \sum_k \frac{x_{ckt_0}}{x_{ct_0}} g_{(-c)kt_0t} \tag{2a-2}$$

其中，$\dfrac{x_{ckt_0}}{x_{ct_0}}$ 表示第 t_0 年（期初）城市 c 的出口结构 S_{ckt_0}；$g_{(-c)kt_0t}$ 表示第 t_0 年到第 t 年城市 c 行业 k 的出口增长率的预测值。

再次，计算第 t 年城市 c 行业 k 出口结构的预测值 S_{ckt}^{b}：

$$S_{ckt}^{b} = \frac{x_{ckt_0}(1 + g_{(-c)kt_0t})}{x_{ct_0}(1 + g_{(-c)t_0t})} = S_{ckt_0}\left(\frac{1 + g_{(-c)kt_0t}}{1 + g_{(-c)t_0t}}\right) \qquad (2a-3)$$

最后，将 S_{ckt}^{b} 代入，即可得到第 t 年（期末）城市出口技术复杂度的外生预测值：

$$cityprody_{ct} = \sum_{ct} S_{ckt}^{b} prody_{k} \qquad (2a-4)$$

附录 3：基于 Bartik 工具变量对出口技术结构和教育渠道的再检验

附表 3-1	出口技术结构与教育——Bartik					
变量	受教育水平			省份各学历个体份额		
	（1）	（2）	（3）	（4）	（5）	（6）
	受教育年限	高中	大专及以上	初中及以下	高中	大专及以上
lncityprody	0.935***	0.248***	1.202****	−0.432**	0.283**	0.253*
	（2.68）	（2.98）	（8.75）	（−2.03）	（2.21）	（1.71）
_cons	13.86****	−0.945	−11.34****	4.778**	−2.432**	−2.364
	（3.58）	（−1.13）	（−8.35）	（2.34）	（−1.97）	（−1.64）
城市固定效应	是	是	是	是	是	是
年份固定效应	是	是	是	是	是	是
观察值	107674	111307	97330	302	323	332

附录4：基于 CGSS 数据对出口技术结构和教育渠道的再检验

基于中国综合社会调查数据（CGSS），我们检验了省份出口技术复杂度提升对个体受教育水平的影响，以考察出口技术结构优化是否会通过促进人力资本投资进而导致个体婚育表现不佳。附图4-1直观展示了省份层面高中学历群体份额和大专及以上学历群体份额与出口技术复杂度之间的负相关关系。附表4-1进一步报告了省份出口技术复杂度提升对个体受教育水平以及对省份各学历层次群体份额的影响。可以看出，出口技术复杂度提升显著促进了个体教育投资，提高了宏观省份层面人力资本水平。

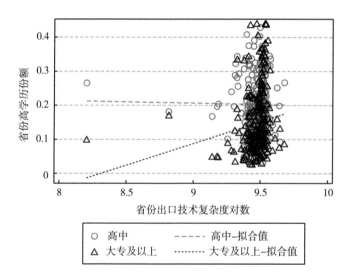

附图4-1　省份中高学历份额与出口技术复杂度的相关关系

附表 4 - 1　　　　出口技术结构与教育——CGSS 数据

变量	受教育水平			省份各学历个体份额		
	(1)	(2)	(3)	(4)	(5)	(6)
	受教育年限	高中	大专及以上	初中及以下	高中	大专及以上
ln$provprody$	1.518 ****	1.367 ****	0.776 **	−0.310 **	0.109	0.201 **
	(6.26)	(5.13)	(2.12)	(−2.38)	(1.38)	(2.55)
_$cons$	−4.020 *	−15.28 ****	−5.224	5.687 ****	−1.856 **	−2.831 ***
	(−1.65)	(−5.79)	(−1.46)	(4.25)	(−2.38)	(−3.35)
省份固定效应	是	是	是	是	是	是
年份固定效应	是	是	是	是	是	是
观察值	53766	53766	53766	164	164	164

附录5：城市出口技术结构优化对不同性别个体教育投资的差异化影响

附表5-1 　　　　　　出口技术结构与教育——分性别

变量	男性			女性		
	(1)	(2)	(3)	(4)	(5)	(6)
	初中及以上	高中及以上	大专及以上	初中及以上	高中及以上	大专及以上
ln*cityprody*	0.216 (1.30)	0.203 (1.57)	0.390 ** (2.28)	0.247 (1.56)	0.696 **** (4.97)	0.589 *** (3.20)
_cons	9.955 **** (3.96)	1.503 (0.78)	5.156 ** (1.97)	5.093 ** (2.18)	-4.879 ** (-2.31)	1.523 (0.51)
省份固定效应	是	是	是	是	是	是
年份固定效应	是	是	是	是	是	是
观察值	55403	55403	55057	55904	55904	55119

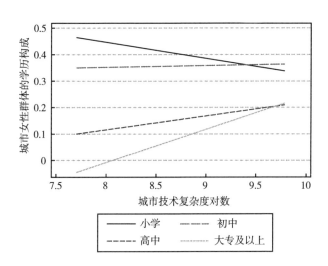

附图5-1　城市女性群体的学历构成